だし生活、はじめました。

梅津有希子

祥伝社黄金文庫

本書は、２０１５年11月に、弊社より『だし生活、はじめました。』として刊行された作品を加筆・修正のうえ文庫化したものです。掲載されている商品や情報は、単行本刊行時のものである場合がありますのでご注意ください。

まえがき

　ここ数年、ずっと「だしくらいとれないとなぁ……」と、心のどこかで思っていた。別に、顆粒《かりゅう》だしやパックのだしを使うことに罪悪感があるわけではない。ただ、いい年をして、正しいだしのとり方を知らないというのもいかがなものだろうかと。知らないというか、覚えられない。定期的にだしをとるわけではないので、だしをとる必要に迫られたときには、その都度ネットや料理本で手順を確認。その後またしばらくだしをとることがなく、やり方を忘れる。自炊するようになって20年余り、ひたすらこの繰り返しだった。

　ある年の元日、母が作ってくれただしのきいた年越しそばに衝撃を受け、ツイッターでこうつぶやいている。

「今年の抱負は『おだしをとる』。たった今決まった。母が作るスープやおそばがいちいちうまい。超うまい。顆粒のだしの素なんて使わないって。でも、簡単で手抜きするのに一番いい方法だと。確かにそうかも」

酔っ払いながらツイートしていたことを、昨日のことのように思い出す。そして、こう続けている。

「『世界一簡単なおだしのとり方』という本を作りたい。あまりにもやり方が多すぎて正解がわからん」

夜のツイートは、大概酔っ払っている。このツイートを見た編集者の方から、「この企画、面白そうですね。私自身が読みたいです」とリプライをいただき、「一緒に作りませんか？（笑）」と返している。

通常、本を出版するには、数回におよぶ企画会議を通過する必要があるのだけれど、幸いなことに無事通過し、正式に本を作ることが決定した。ツイッターでのつぶやきがきっかけで本の企画が通るなんて、ライターとして独立した13年前には考えられないこと。そもそも、当時はまだツイッター自体がなかったので、こうやって世の中はどんどん変わっていくのだなぁ……と、つくづく思う。

ところで、わたしの中では「だしをとっている＝ちゃんと暮らしている人」というイメージがあり、「わたしもだしをとって真人間《まにんげん》になりたい」という思いも少なからずあった。「毎日だしをとっている」という人に出会うと、思わず「えらいねぇ」と言ってしまう。自分にはできないことを、こともなげにやってのけていてすごいなぁ、と。なんというか、だしに強い憧《あこが》れがあったのだ。とにかく、「ちゃんとだしをとれる人」になりたいのだ。

ところが、実際にだし生活を始めてみたら、びっくりするくらい簡単だった。面倒でもなんでもなかった。そのうえ、いいことがたくさんあった。なんでもっと早く始めなかったのだろう。何を難しく考えていたのだろう。

本書は、だしのど素人であるわたしが、日常的にだしをとることが当たり前になるまでの成長物語であり、だしを巡る冒険でもある。

２０１８年11月

梅津有希子《うめつゆきこ》

目次

一、だし生活をはじめた理由

二、だし生活で暮らし、変わりました

三、だしを学ぶ

四、大人の自由研究

五、世界一簡単なおだしのとり方

六、だしの謎を徹底調査

一、だし生活をはじめた理由

なぜわたしはだしをとることができないのか？

自宅で仕事をしているライターのわたしは、1日3食を家で食べることも少なくない。料理は得意なわけではないけれど、毎日「冷蔵庫の中にある食材で何かしら作る」という生活を結婚後10年間続けているうちに、最近、ようやく作ることが苦ではなくなってきた、という程度。「今度うちでホームパーティーやるから来てよ！」などとさらりといえる人がとてもまぶしく感じる。ホストになっておもてなしをするなど、わたしにはとても無理だ。

とはいえ、わたしはとにかくおいしいものを食べることが大好きで、毎日食べることばかり考えている。朝ごはんを食べながら「今日のお昼は何食べよう」と考え、昼食をとりながら「今日の夜は何にしよう」という具合に。

食べることが大好きな友人も多く、外食もよくする。人生には限りがあるのだから、おいしいものしか食べたくない。旅行の際にも、宿選びの絶対条件は「料理がおいしい」こと。食べること以外に、食に関する本やイベント、テレビ番組などのコンテンツも大好きなので、食にまったく興味のない人とは、仲良くなれる気がしないのだ。

　このように、食べることが大好きなわたしだが、だしをとるのは年にたったの2回。大晦日《おおみそか》の年越しそばと、お正月のお雑煮《ぞうに》を作るときのみに、かつおと昆布《こんぶ》の合わせだしをとる。

　普段から、「おみそ汁くらいはちゃんとだしをとりたい」という意識が常に頭の片隅にあるものの、どうしてもとれない。続かない。だから、1年365日のうち、363日は顆粒《かりゅう》だしとだしパックだ。

　なぜだしをとれないのだろうか。どうして習慣付かないのだろうか。冷静になって考えてみたところ、理由は3つ。

　1つ目は、基本的に年に2回しかだしをとらないので、毎回とり方を忘れてしまうということ。その都度正しいやり方をネットや料理本で調べ、手順を頭の中にたたき込み、慣れない手つきでだしをとる。紅白を見ながら年越しそばを作り、「あぁおいしい」「やっぱりだしの香りはいいねぇ」「よし、今年はもっとまめにだしをとろう！」と毎度決意するのに、さっぱり続かない。たまに「今日は時間があるので、だしをとってみそ汁を作ろうかな」と思い立っても、だしのとり方を忘れているのでまた調べる→面倒くさい、のスパイラル。そしてそもそも、かつお節を常備していない。昆布は鍋のときに使うので常備しているけれど、かつお節を使う習慣がない。冷ややっこやおひたしはたまに食べるけれど、上に振りかけるかつお節がなくてもまあいいか、という感じ。

2つ目に、顆粒だしでも十分おいしい家庭料理が作れる、ということがあげられる。みそ汁でも煮物でも、封を切ってささっと加えるだけ。あまりにも簡単でラクすぎて、ひと手間かけてだしをとるのを後回しにしてしまうのだ。

日本人のDNAに深く刻み込まれているであろう、ひき立てのかつおと昆布だしだからこその、素晴らしくホッとする香りと味わいに感動したはずなのに、ついつい顆粒だしやだしパックに手が伸びてしまう。続かないからとり方を忘れる。ということを、数年間繰り返してきたというわけだ。

そして3つ目が、料理家や料理人によってだしのとり方が違うので、「いったいどのやり方が正しいのだろう」と混乱し、なかなか覚えられないということ。たとえば、かつお節の分量でいうと、水1リットルに対して「ひとつかみ」という人もいれば、「15

グラム」という人もいるし、「30グラム」という人もいる。かつおと昆布の合わせだしの場合は、「昆布を入れるのは水から？　沸騰してから？」「昆布を取り出すタイミングは？」「一晩漬けておけばいいんだっけ？」「昆布は1枚入れればいいのか、重量を計って切ったほうがいいのかな」「どのくらい火にかけてからこせばいいんだっけ？」など、いろんなことが頭をよぎるうちに、「あー、だしって難しい！　面倒くさい。そんな細かいことなんて覚えられん……」となってしまうのだ。

このような理由で、わが家は長年の間、顆粒だしを中心に、たまにだしパックを使うという生活を送っている。どちらも気軽に使えるからこそ、料理初心者や忙しい人たちにとって強い味方だし、これだけ世の中に普及したことは紛《まぎ》れもない事実なわけで。

というわけで、わたしがなかなかだしをとることが出来なかったのは、「だしをとる必要性をさほど感じていなかった」ということに尽きる。その一方で、「**この年でだしくらいきちんととれないと、ちょっと恥ずかしいなぁ……**」という思いも、常に頭のどこかにあったのだ。

周りの友人や、雑誌の取材で会った女性たちにだしの話を振ると、「だしねぇ。とりたいけど無理だなぁ……」「とらなきゃとは思っているけれど、そこまでしている余裕がない」「自分でとれないから、ちょっと高いだしパックを使っている」と、みな口を揃《そろ》える。

多くの人が、同じようなことを思っているのだなぁ。

久々に食べた母の手料理に衝撃を受ける

実家の札幌《さっぽろ》に帰省をした、とある年末のこと。この年になると、ひとり暮らしだった20代の頃のように、しょっちゅう帰省することは出来ず、せいぜい年に一度がいいところ。母が年越しそばを作ってくれたのだが、一口すすって、その味に驚愕《きょうがく》……!! 一緒に食べていた姉も驚いていたので、たぶん誰が食べてもびっくりする味だったと思う。「なんだこれ!?」という、これまでに体験したことのない衝撃の味わい。わたしが親元にいたのは12歳までなのだが、母親が使うだしといえば完全に煮干しで、煮干しだし以外の記憶がない。

わたし「お母さん、このそばつゆ、なんのだし？」
母　「鶏ガラとあごだし」
わたし「えぇぇー！」

まさかのダブルスープ。しかも、聞いたことのない組み合わせ。生まれも育ちも北海道の母は、あごだしにはまったくなじみがない。あごだしを使うのはおもに九州の人なので、通常、北海道の人は使う習慣はない。ただ、福岡出身の亡き父が、生前よく「あごだしのみそ汁が飲みたい」と言っていたそうで、母は何度か乾物屋さんにあごの煮干しを買いに行ったことがあるという。

最近パックのあごだしが流行《はや》っていることもあり、母ももらいものを使ってみて気に入り、たまに使うようになったとのこと。ちなみに、あごとはトビウオのこと。なんでまた「あご」なんていう呼び名がついたのだろうかと疑問に思って調べてみたところ、

一説によると、「あごが落ちるほどおいしい」から、あごと呼ばれるようになったのだという。まるで小学生がつけるあだ名のようだ。いつからこう呼ばれているのかはわからないが、この名称が現代まで脈々と受け継がれ、しかも今、空前のあごだしブームになっているとは、大昔のトビウオたちが知ったら、それこそあごが外れんばかりに驚くであろう。

そんな、あごが外れるほどおいしいあごだしに、濃厚な鶏ガラスープを合わせていたのだ。そんなのうまいに決まっている。

母「鶏ガラスープは水に鶏ガラ入れて沸騰《ふっとう》させて、ストーブの上に鍋《なべ》を置いておいただけ」

わたし「え、鶏ガラって売ってるの？　最初から顆粒じゃないの？」

母「何いってんの。スーパーで売ってるよ。１００円で」

し、知らなかった……。恥ずかしながら、わたしは鶏ガラの存在を知らなかった。いや、「鶏ガラスープ」はもちろん知っているし、冷静に考えてみると、テレビのラーメン特集で大量の鶏ガラを煮込んでいる風景をよく見かける。年越しそばを食べていたときは、衝撃のおいしさといい感じに酔っていたこともあり、おそらく理性が吹っ飛んでいたのであろう。それにしても、「自分で鶏ガラスープをとる」という発想がゼロだったので、「家でもとれるんだ！」と驚いたのだと思う。少なくとも、わたしの周りで鶏ガラスープをとるという人は、ものすごい料理好きな人と料理家の方くらいで、日常的にとる人など、ほとんどいない。

ラーメン特集で見る鶏ガラスープのとり方は、必ず「くさみ消しに」と、ショウガやネギを入れている。でも、母は「めんどうだから入れていない」という。香味野菜を入れずとも、特にくさみも気にならず、とってもおいしい。しかも、ストーブの上に置いて放置しておくだけで、コトコト煮込まれるという、雪国ならではの調理法。

母は、常識にとらわれずに好奇心旺盛《おうせい》にいろいろと試すタイプなので、あごだしと鶏ガラを合わせるということを思いついたのであろう。

こうして、実家でいろいろな気づきを得て、わたしのだしへの興味はますます募《つの》っていったのだ。

だしをとった料理に発した、夫の一言

だしへの思いが日増しに募ってきたわたしは、真冬のとある晩ごはんに、だしのきいたみそ汁を作りたくなった。年越しそばとお正月のお雑煮以外でだしをとるなんて何年ぶりのことだろう。ものすごく久しぶりにかつおと昆布のだしをとり、とうふとわかめのみそ汁を作る。考えてみても思い出せないくらい、久しぶり。いや、ひょっとしたら新婚の頃以来かもしれない。結婚したての頃は、やたらと張り切って慣れないことをしていたような気がする（遠い目）。

だしのとり方は適当。年越しそばとお正月のお雑煮は「特別な食べもの」なので、失敗のないよう、だしのとり方を念入りに調べてから、心して挑む。でも、今日はみそ汁だし、まあ、なんとなくでいいか、という感じ。「万が一とれただしが薄かったとしても、大失敗はないだろう」「みそを多めに入れればリカバーできるだろう」という、〇

型特有のこの大ざっぱさ。

キッチンの引き出しに入っていた、2年くらい前に賞味期限の切れた日高昆布《ひだか》1枚を水に入れて火にかけ、沸騰したらかつお節をひとつかみ、バサッと投入。かつお節は、昆布と同様に引き出しに入っていた、袋に半分くらい残っていたもの。開封したてのフレッシュなものではない。昆布は賞味期限が切れているけれど、まあ乾物なので気にしない。日のあたらない引き出しで保存していたし。と、ここでもO型の大ざっぱ力をいかんなく発揮。少ししたら火を止めて、ボウルにキッチンペーパーをのせたザルを重ね、だしをこす。

あぁぁぁぁ、なんていい香り……。

だしをとっているときにいつも感じるのは、この立ち上る香りがたまらない、ということ。顆粒だしだと、それなりの料理は作れても、このようになんともいえない香りが立ち上ることはない。これぞ安らぎの香り。幸せの香り。心がホッとする香り。リビングのソファに座っていた夫も、「わー、いい匂い！」とうれしそうに声を上げる。**おぉ、だしをとるだけで人はこんなにも幸せな気持ちになれるのか……。**これはもう、化粧品メーカーは「おだしの香り」という香水やルームスプレーでも開発したほうがよいのではないだろうかと思いつつ、みそをとく。みそ汁を作りながら、うっとりと豊かな気持ちになれる。なんだか、真人間《まにんげん》になった気分。きちんとていねいに暮らしているわたし、的な。いや、実際には掃除も料理もていねいとはほど遠く、セカセカしている日々なのだけれども。

年に数回しかだしをとらないというのに、「自分でだしをとる」ということの、このポジティブ効果たるや。

熱々のみそ汁を夫に出すと、すすった瞬間「うまいっ！」と一言。夫は絶対にお世辞をいわず、イマイチなときは「なんかちょっと薄くない？」などと、はっきりダメ出しをされる。そんな夫が、「やっぱり顆粒だしと全然違うなぁ」といいながら、最後まで一滴残らず飲み干したのだ。この、「飲み干した」のがけっこう驚きで、普段夫は絶対にスープやみそ汁を最後にほんの少しだけ残す。底のほうに何かが沈殿《ちんでん》しているように感じるのだそうで、「昔からずっとこうしている」とのこと。そんな夫が、「不純物が入っていないのがわかるので、気がついたら全部飲んでた」と。

「余計なものが何も入っていない」というのは、こういうことか。

本物のおだしの力って、すごいのかもしれない。

まずは「週1回」から始めてみよう

「よーし、だしをとるぞー！」と意気込んではみたものの、やっぱりまだちょっとハードルが高い。久々にだしをとったみそ汁であんなに感動したにもかかわらず、空気を吸うようにだしをとるのは難しい。当たり前のようにだしをとるという境地には、とてもじゃないけどまだまだたどり着けそうもない。そこでわたしは考えた。「週末の朝、土曜か日曜のどちらかの朝ごはんのときだけだしをとるというのはどうだろう」と。二人でゆっくり朝食をとれるのは週末くらいしかないので、ピカピカ・つやつやと輝く炊きたてのごはんに、だしの香る熱々のおみそ汁、焼き魚、納豆という、ちょっと贅沢《ぜいたく》な和定食。毎日和食の朝ごはんの人には、「普通じゃん」と思われそうだけれど、わが家の朝は、普段はヨーグルトとフルーツ、コーヒーが定番。朝から魚を焼いて網を洗う余裕などないのだ。

　さっそく朝からだしをとると、それだけで心が豊かになる。繰り返すけれど、いい人になった気分。それにしてもいい香りだなぁ……。

　ごはんを炊くのはル・クルーゼのココット・ロンド。「ていねいな暮らし」や「おしゃれなライフスタイル」などではまったくなく、単に、ひとり暮らし時代から20年間使ってきた炊飯器がついに壊れたからだ。そして、ル・クルーゼでごはんを炊くのは実はとても簡単ということに、今さらながら気づいたからである。「中火にかけ、沸騰したら弱火で10分、火を止め10分蒸らす」。これだけ。炊飯器よりも断然早く、甘くてふっくらピカピカの、とってもおいしいごはんが炊けるのだ。重いお鍋だけに、しまいこむと出すのが億劫《おっくう》になるけれど、常に出しっぱなしにしておけば、自然と毎日使うようになるのでおすすめです（笑）。

炊きたてのごはんとみそ汁に、こんがりといい色に焼けたハタハタと、よくかき混ぜ

旅館のような和定食は週末の楽しみ。
の、はずだったが……

た納豆を添えて「いただきます！」。いやぁ、しみじみおいしい。日本人でよかった。心の満足度が半端じゃなく、朝からとても豊かな気持ちになれる。「週末の和定食、いいね。おいしいし、すごくホッとする。週に一度だったらできる？」と夫に聞かれ、「うん、毎日は無理だけど週末くらいならできるかな」と、わたし。

週に一度の、旅館のような和定食は、週末の楽しみになった。しかし、3週間しか続かなかった。「あれ、また続かなかったの？」というツッコミが聞こえる。二度あることは三度ある。**こんなにもよさを実感しているのに、それでもだし生活は続かない。**なぜだろう？　やっぱり何かがめんどうくさいのだ。何かがわたしのやる気を妨げている。何としてでもわたしにだしをとらせないよう、邪悪な力が働いているとしか思えない。

何度かだしをとってみて、理由は薄々感づいている。邪悪な力でも何でもない。それはだしをとる道具だ。普段はキッチンペーパーを敷いたザルとボウルを重ねてだしをこしているのだけれど、これが意外に大きくてけっこう場所をとる。夫婦ふたり暮らしの

２ＤＫのキッチンは、そう広くはないので、シンクを占領する大きなボウルとザルがジャマだったのだ。おそらくそれが、心のどこかでハードルになっていたのだと思う。

「そうだ　合羽橋《かっぱばし》、行こう」

山が動いた。

だしとり道具を買いに合羽橋へ

わたしがだし生活を無理なく続けるためには、合羽橋に行く必要がある。合羽橋とは、１７０店以上もの料理道具専門店がひしめき合う「かっぱ橋道具街」として知られ、多くの料理人が厚い信頼を寄せる、まさに料理道具の聖地。最寄り駅は東京メトロ銀座線の田原町《たわらまち》駅だが、浅草《あさくさ》の雷門《かみなりもん》からも歩いて10分ほど。観光客らしき人の姿も目立つ。

ここで、毎日ストレスなく使えて、かつ、丈夫なだしとり用具を探すのだ。「212キッチンストア」や「BIRTHDAY BAR」、「無印良品」などのキッチン道具も好きだけど、それらの店にはないものが、合羽橋にはきっとある。わからないことがあればお店の人に聞けばいい。なんでも答えてくれるだろう。なにせ、日本一の道具街だ。

上京15年目にして、ようやく念願の合羽橋に行ける。今までに何度も行こう行こうと思いつつ、なかなか機会がなかった。というよりも、そもそも、そこまで料理道具に凝《こ》るほどの料理好きではなかった。なんとなく、観光気分で行ってみたかっただけだ。でも、いまのわたしには明確な目的がある。買わねばならぬものがある。わたしの胸は高鳴っていた。

合羽橋といっても、ものすごくたくさんのお店がある。ノープランで行ってもきっとどこに行けばいいのかわからないので、前もって、食まわりのスタイリングを手掛ける友人のスタイリストにおすすめの店を聞いてみたところ、「釜浅《かまあさ》商店！」と即答。わたしは彼女のスタイリングやセンスが好きなので、まずはまっ先に釜浅商店に行こうと決めた。

寒さの厳しい2月のとある日、東京メトロ銀座線の田原町駅を降りて、かっぱ橋道具街を目指して歩く。人生初の田原町駅だ。ぐるぐると歩き回ることを想定して、ニューバランスのスニーカーにエルベ・シャプリエのリュック、そして、大きなものを買ってもいいよう、大きめのエコバッグも持ってきた。

　ビルの屋上に、コック帽をかぶったひげのおじさんの巨大な像が見えてきた。これが、かっぱ橋道具街の入り口にある「ニイミ洋食器店」か。テレビでよく見るコック像の名は、「ジャンボコック」。つ、ついに念願の合羽橋だ……！

日本一の道具街、合羽橋。ジャンボコックがお出迎え

当然ながら、右も左も料理道具の店だらけ。鍋やフライパン、食器はもちろん、テーブルやのれん、巨大な寸胴《ずんどう》、中華鍋、ステーキやハンバーグ用の鉄皿などなど、何でもある。これにはさすがに大興奮。街全体が、まるでテーマパークのようだ。目当ての釜浅商店に向かうまでにも目移りするほどで、見たことのない商品がそこかしこにある。歩くこと10分ほどで、目的の釜浅商店に到着。シンプルなのれんといい、すっきりとした内装や厳選の商品セレクトといい、お店に入った瞬間に、スタイリストの友人がお気に入りの理由がわかる気がした。

【釜浅商店】
東京都台東区松が谷2－24－1／電話03－3841－9355／年中無休（年末・年始除く）

わたしは、洋服や食品もそうなのだけれど、あまりにもものがありすぎるとなかなか選ぶことができず、目利きがある程度セレクトしてくれた中から選ぶほうが、自分には合っている。「この店が並べているのだから、間違いないだろう」という安心感。あれもこれも、なんでもある中から選ぶのは、見ているだけでぐったり疲れてしまうのだ。巨大なスーパーや、全国各地にある流行りのショッピングモールなど、「なんでもあるけど、欲しいものはなにもない」という店も少なくない。

店内の客は、プロっぽい人もいれば、わたしのような一般人もいる。もれ聞こえてくる会話でなんとなくわかる。わたしの目当ては、とって付きのこし器。いわゆる「ストレーナー」だ。

パッと見渡しただけでもいくつか目につく。円錐状のものや、底の丸いもの。サイズも大きなものから小さなものまで、さまざまだ。さっそく「すみません、ちょっとお聞きしたいんですけど……」と、店員さんに相談してみた。

「だしをとるのに使いやすいこし器を探しているのですが」

「円錐状のものは、どちらかというとスープをなめらかにこすときに向いていますね。かつおだしでしたら、こちらのこし器がおすすめです。ボウルのふちにひっかけるフックがついていますので、使いやすいですよ」

と、薦めてくれたのは「ローズ柄ストレーナー」という商品。しっかりと握りやすいローズウッド製の天然木ハンドル。いわゆる、「手付きザル」だ。そうか、ふちにフックがあれば、ボウルのサイズを限定せずに使える。なるほど……!

このストレーナーに即決し、再度店内をまわってみると、ラーメンの湯切り用に向いているこし器や、小さな茶こし、お菓子用の粉ふるいに適したこし器など、さまざまな種類がある。わたしみたいな素人が適した道具を選ぶためには、プロのアドバイスは心強いなぁ……と、つくづく実感したのであった。

ついでに、よくだしのとり方に出てくる「ふきんでこす」工程の「ふきん」についても聞いてみた。ひとことで「ふきん」といっても、テーブルやキッチンを拭《ふ》くやや厚手のものから、ガーゼを何重かに重ねたもの、いわゆる「さらし」もあれば、さらに、リネン製やレーヨン製など、素材もさまざまだ。

「だしをこすふきんって、どんなものを使えばよいのでしょうか」

「一般的なのは、綿で出来たさらしや、ガーゼのような素材を何重かに重ねたタイプが多いですね。でも、**キッチンペーパーでも大丈夫ですよ**」

これまたなるほど……！　そうそう、さらりと「ふきん」といわれても、自分が使っ

合羽橋で購入したあれこれ。一番手前がとって付きのこし器「ストレーナー」

ているふきんで本当に合っているのか微妙に不安だったので、とってもスッキリ。かつおだしをこす作業は、今まではキッチンペーパーで代用してきたけれど、ふきんに切り替えるにも、ふきんについたかつお節を処理することを想像するだけで面倒。またイだしをとるモチベーションが下がりそうな予感がするし、店員さんも「キッチンペーパーでも大丈夫」といってくれたので、しばらくはキッチンペーパーでいくことにする。「やっぱりふきんがいい」と思ったら、また買いに行けばいいや、と。

プロが「これでも大丈夫」といい切ってくれるって、素人の立場からすると、ほんとうに安心するものなのだ。そしてこれは、だしを巡るわたしの冒険で、その後もしばしば感じることでもあった。

釜浅商店で買ってきたローズ柄ストレーナー、結果的には、合羽橋まで行かなくても、雑貨店などで同じ商品の取扱いはあるし、無印良品でも、木製ではないものの、似たようなものは売っている。でも、知識豊富な店員さんにいろいろと聞けただけでも、やはり合羽橋まで行った甲斐《かい》があったというものだ。

使いやすそうな道具を入手したら、次なる問題は収納だ。わが家のキッチンの下はすでにお鍋やボウルなどでスペースが埋まっており、どうにも収納しにくい。収納出来ないこともないのだけれど、ストレーナーの形状を考えると、しまいにくく、取り出しにくいのだ。この、「しまう」「取り出す」という作業がスムーズに出来ないと、絶対に使わなくなることは目に見えている。

そこで思いついたのが、冷蔵庫の横にマグネット式のフックで吊り下げること。これならすぐに手に取れる。「網にほこりがつくのが気になるのでは？」と思われそうだけれど、これからはマメにだしをとるつもりなので、ほこりがつく間もないだろう。万が一気になったら、使う前にさっとすすげばいい。むしろ、目につく場所にぶら下がっていたほうが、「あ、だしとろう」という気になるかもしれない、とも思ったり。

これで、だしをとる準備は整った。ふきんに関する長年の疑問も晴れた。すっきりとした気持ちで、いざ、だしをとってみようではないか……！

初めてストレーナーを使ってかつおだしをとってみると、とてもとりやすい。まったくストレスを感じない。なんだ、こんなことでだしをとることへのハードルがこんなにも下がるのか。

というわけで、だし生活は早くも週一レベルまで定着。自分でも驚くほど、だしをとることが面倒ではなくなった。やはり、**何においても適切な道具選びは大切**ということがよくわかり、もっと早く買っておけばよかったと、ちょっと後悔。

どうやらわたしは、だしのことをあまりにも難しく考えすぎていたのかもしれない。

二、だし生活で暮らし、変わりました

料理がシンプルになり、時短に

合羽橋での初めてのお買い物から、早いものでだし生活を始めて1年以上経った。

今では水に漬けるだけの昆布だしを冷蔵庫に常備するようになり、かつおだしは鍋かコーヒードリッパーでとる。

この2つのだしをベースに、宗田節《そうだぶし》の厚削りでそばつゆを作ったり、干し椎茸《しいたけ》や干し貝柱、桜えびなどの乾物を一晩水に漬け、「うま味の素」のようにいろいろな料理にスプーン2、3杯を加えて使うようになるなど、顆粒とパックのだししか使っていなかった頃を思い返すと信じられない変化だなぁと、自分でもつくづく思う。

だし生活によって、暮らしが大きく変わった。それもいい方向に。

そのことについて、触れてみたい。

驚くことに、顆粒やパックのだし、鶏ガラスープの素などは一切使わなくなり、全部だし生活を始める以前の状態で残っている。意識して「自分でとっただししか使わない！」などと思っているわけではまったくなくて、天然のだしがとてもおいしくて、苦もなく続いている、という感じなのだ。

あれだけ頻繁に使っていた、顆粒の「丸鶏ガラスープ」の代わりに、今何を使っているんだろうと考えると、100円の鶏ガラを買って自分で鶏ガラスープをとったり（といっても、ただ水で煮込むだけ）、昆布だし＋干し椎茸だしや、濃いめにとったかつおだしを使っている。「町家四川　星月夜《ほしつきよ》」の遠藤《えんどう》料理長に「**かつおだしは、鶏ガラスープの代わりに中華料理にも使えますよ。ただし濃いめにとるのがポイントです**」といわれたのがかなりの衝撃で、鶏ガラスープの素を使っていた料理も、鶏ガラにこだわらなくなったのだ。

ソースやケチャップはほとんど使わなくなった。わが家ではもともと消費量の少ない調味料ではあるのだけれど、最近はまったくといっていいほど使っていない。代わりに何が増えたかというと、醤油《しょうゆ》とみりんの出番が増えた。

しっかりとしただしがあると、味つけは少しの醤油と塩だけで十分だったりする。煮物や麺類なら、醤油とみりん。うま味がきいていれば、シンプルな調味料だけでも、料理はこんなにおいしくなるのかと、自分でも驚いている。

以前から、難しい料理や手間のかかる料理にはまったく無縁だったのだけれど、今は、うま味の出る食材を組み合わせた料理を作ることが増えた。**うま味とうま味を掛け合わせることで、うま味が7、8倍くらいに増える「うま味の相乗効果」**狙《ねら》いだ。きのこと白菜、あさりと豚肉、トマトとチーズ……といった具合に、スーパーで買い物をしながら、「うま味しばり」で食材の組み合わせを考えるのもなかなか楽しい。

「だしがあれば、料理はシンプルになる」「時短になる」。これまでいろんな料理本や雑誌の料理記事で何度も目にしてきたことを、ようやく自分の頭と舌で理解することが出来た。**シンプルになった分、日々のごはん作りにかかる時間が確実に短くなった**のがうれしい。面倒なことをしなくても、手間をかけなくても、本物のだしさえあれば、十分においしいごはんが作れるのだから。

塩分摂取量が減った

だし生活を始めてから、外食時の塩分が気になるようになった。イタリアンでも中華でも何でも、「しょっぱい」「味が濃い」と感じることが格段に増えたのだ。ポテトチップスなどの市販のスナック菓子も、以前なら余裕で一袋を食べ切っていたのだけれど、今はしょっぱすぎて半分くらいしか食べられない。夫も同じことを言うので、わが家のごはんが薄味になっているのだろうか。薄味というよりは、だしのうま味で自然と少ない塩分で満足出来るようになってきたのかもしれない。

2013年のベストセラー本で、発売4カ月で30万部以上を売り上げた『国循の美味しい！かるしおレシピ』（セブン&アイ出版）というレシピ本がある。「塩を軽く使ってうまみを引き出す」から「かるしお」で、国立循環器病研究センターのおいしい減塩レシピを紹介したもので、計量に便利な「かるしおスプーン」の付録つき。4カ月で30万部というのは大ヒットといえる部数で、「減塩のことを気にしている人がこんなにいるのか」と思った記憶がある。普段から「健康のために減塩を」とはよくいわれているけれど、わが家は夫婦二人とも健康で、血圧も正常なので、塩分のことは特別気にしてはいなかったのだ。

厚生労働省「日本人の食事摂取基準(2015年版)策定検討会」の報告書によると、**塩分摂取の目標量は、18歳以上の男性で1日当たり8グラム未満、18歳以上の女性で7グラム未満と定められている。**この数字を見たとき、まっ先に思ったのが「あれ、塩分摂取量って1日10グラム未満じゃなかったっけ?」ということ。たしか、家庭科の授業でそう習ったような。ところが、これはどうやらかなり昔の話のようで……。調べてみたところ、1日10グラムというのは「日本人の食事摂取基準(2005年版)」でのデータで、この10年間で目標量がさらに減っていたのだ。

ちなみに、日本高血圧学会減塩委員会は、現在高血圧予防のために、さらに少ない1日6グラム未満を推奨している。これでもまだ世界的に見ると多いほうで、世界保健機関(WHO)によると、世界中の人の食塩摂取目標は1日5グラム。日本人がいかに塩分を多く摂取しているのかということがよくわかる。

自分で作る料理で塩を使うときは、いちいち計量スプーンで計らず、味見をしながら目分量、ということがほとんどで、1日にどのくらい塩分を摂取しているのかまったくわからなかった。ためしに、厚生労働省が推奨している1日分のナトリウム摂取目標量の7グラムを計って小皿に入れておき、その塩のみで1日の料理を作ってみることにした。量だけで見ると「余裕でクリア出来るのでは」と思えるくらい、けっこうあるなあという印象。

朝はいつもコーヒーにヨーグルト、フルーツなので、塩分はほぼゼロ。お昼は桜えびだしの塩焼きそば。具は卵とキャベツ。一晩水に漬けておいた桜えびを、だし汁ごと使用した。3時のおやつは桃ゼリー。ゆえに、塩分ゼロ。夜は、白菜とぶなしめじのスープ、納豆ごはん、天日干し子持ちししゃも5尾、ごま油と塩で調味したトマトとアボカドのサラダ。スープはうま味食材を組み合わせ、昆布と干し椎茸の合わせだしに、塩だけで味つけ。パッケージによると、ししゃもの塩分が0・5グラム、納豆がタレ・からし込みで0・5グラムなので、合わせて1グラムとなる。

今回は、実験をわかりやすくするため、醬油やドレッシングなど、塩分の入った調味料は一切使わなかった。結果的に、昼夜合わせて使った塩は4グラムだったので、ししゃもと納豆の塩分を合わせて1日5グラム。「味が薄い」などといったもの足りなさはまったくなく、「7グラムってけっこうな量なんだな」という感想を持った。厚生労働省どころか、WHOの基準までクリア出来てとてもうれしい。

外でラーメンを食べると、それだけで7グラムいってしまうこともあるだろう。外食をゼロにする気はまったくないし、仕事の会食もあるので、これからも自炊のときはこのくらいの塩分量を心がけたいと思う。

だしには減塩効果があるといわれるけれど、今回実験してみて、その意味がよくわかった。本物のだしのうま味と風味がなければ、塩少々程度の味つけでは物足りなすぎるだろう。そして正確な塩の使用量が判明し、これだけ少量でも味覚的に平気になっていたのには、自分でも正直びっくり。「どうりで外食の味が濃く感じるわけだ」と、改めて納得したのであった。

今のうちから、少しでも減塩の食生活にシフトするに越したことはないのだろうし、薄味に慣れておいて、悪いことは何もないだろう。

わたしは、仕事で健康に関する記事を担当することも多いのだけれど、日々、さまざまな取材を通じて思うのは、昔の常識が今の常識ではなくなってきている、ということ。特に健康・医療系は日々進化しており、たとえば、かつては「傷は消毒して乾かして治す」といわれていたのが、今は「水道水で洗い、乾かさずに治す」のが常識になっていたりという具合に。このように、昔教わったことや、当たり前だったことが常識ではなくなっていると感じる場面がとても多いので、自分の頭の中も、常に最新の情報にブラッシュアップしておかなければいけないなと思う。

舌が敏感になった

外食した際、塩分が気になるようになったのと同時に、うま味調味料を使っているかどうかもわかるようになった。といっても、「あ、何か入っているな」という程度だけれど。わたしは普段から、調味料も加工食品も、なるべく添加物の少ないものを選ぶようにしている。でも、だからといって特別神経質なわけではない。ハンバーガーチェーンならモスバーガー派だけれど、たまにはマクドナルドにも行く、という感じ。「ファストフードを食べると頭が痛くなる」という人がたまにいるけれど、そんなことはこれまでに一度もないし、そこまで敏感ではない。

毎日だしをとるようになり、**昆布やかつお節の本物のうま味に舌が慣れると、人工的なうま味が添加されたものを食べたときに、舌が「あれ？」と違和感を覚えるようになったのだろう。**

安いものには、安く出せる理由があるのだし、添加物がなければ世の中の食べ物はとんでもなく高いものだらけになってしまう。

外食するときは、なるべく個人経営のお店を選ぶようにしている。食の好みが合う女友達と、月に一度、近況報告を話しながら食事をするのを楽しみにしているのだが、彼女が選んでくれるレストランや和食屋さんは、絶対においしくてハズレがなく、いいお店ばかり。値段は決して安くはない。でも、せっかくの食事会なのだから、味も雰囲気もいいに越したことはないし、カウンター席でシェフが料理を作る様子を見ることが出来たり、食材についてのこだわりを聞いたりするのもとても楽しい。そういうお店では、舌が「あれ？」と感じることもないように思う。それだけ、ていねいにだしをとり、仕込みに手間をかけ、食材や調味料にもこだわりを持っているということではないだろうか。

空腹を満たすだけの安くて早い料理もあれば、高くても、ゆっくりと時間をかけて、雰囲気も含めて楽しみたい料理もある。だし生活を始めてからは、いろいろなことを考えながら、料理人たちがていねいに作ってくれる料理を、ありがたみを感じながら味わうようになった。

太りにくくなった

だしをとったあとの昆布を毎日のように食べるようになり、咀嚼《そしゃく》回数が明らかに増えた。昆布はとても噛みごたえがあるので、必然的に噛む回数が増える。さらに水溶性食物繊維も豊富に含んでいるため、**胃の中で膨張して満腹感が得られるのもいいところ。**

わたしは「○○だけ食べれば痩せる！」という類《たぐい》のダイエット法はまったく信じて

いない。なぜなら、一度も成功したためしがないからである（笑）。りんご、にがり、寒天、こんにゃくｅｔｃ……。20代の頃、流行りにのっていろいろやってみた。今冷静に考えると、カロリーが抑えられる分、一時的に体重が減るのは当たり前。でも、やめたら当然元に戻る。それどころか、ダイエット中は朝から晩まで食べ物のことばかり考えるようになり、常に強烈なイライラ感がつきまとう。めちゃくちゃストレスがたまり、ダイエットをやめた途端、解放感からすごい量を食べまくるので、あっという間にリバウンド。

こんな〝ダイエット黒歴史〟を繰り返してきたので、痩せたければ「適度な運動」と「健康的な食生活」しかあり得ないと確信しており、ここ数年は、時にサボりながらも朝ランニングを続けている。

食生活の面でいうと、「海の野菜」といわれるほどミネラルやビタミンが豊富で、低カロリー、低脂肪、低コレステロールの昆布は、ナチュラルなダイエットにもぴったりの食べ物といえるだろう。無茶なダイエットは必ずリバウンドが付きものだけど、昆布なら毎日の食事に取り入れることで、健康的にスリムを目指せる。食べものだけに、そんなにすぐに結果が出るものではないけれど（出たら逆に怖い）、わたしの実感としては、**噛む回数が増える→満腹中枢が刺激される→昆布が胃の中で膨張→食べる量が自然と減る→食物繊維でお腹もスッキリ→太りにくくなった**、のような気がする。

そして、とにかくよく噛むので、「これだけあごを動かしていれば、そのうち顔がシャープになるんじゃないか」という期待もある。これからも食べ続けていくことで、もっと効果が出てくるのではないだろうか。

塩分摂取量が減ったのも健康面では確実にプラスになっているし、日々の食事に昆布をプラスするだけで、毎日の栄養バランスの改善に、大いに役立つのは間違いない。

だし生活が無理なく続いているのは、簡単なだしとり方法が身についたことと、単純に「おいしいから」ということが大きい。しかし、昆布などの栄養を調べていくうちに、健康に関する意識が高くなった。今のところ大きな病気はしたことがないし、健康診断の結果も問題ないけれど、だしを日常生活に取り入れることで、これからの健康維持にもつながるといいなぁと思っている。

精神的にとてもいい

だしのある暮らしが定着したことのメリットのひとつに、**「ちゃんとしたものを食べている」という実感が持てる**こともあると思う。

先ほども述べた通り、本物のだしやうま味があると、料理はよりシンプルに簡単になるので、手の込んだものを作っているわけではまったくない。でも、だしとうま味に頼る料理が増えた分、「余計なものを入れていない」という安心感は確実に得られている。カッコよくいえば、「自分にちゃんと手をかけている」。いやダメだ、カッコよくいいすぎた。だしはそんなにたいそうなものではない。以前、とある料理人が、「よく『命のだし』なんて聞きますけど、だしは命なんかじゃない。だしはだし。ただのだしです」と言っていて、だしを難しく考えていたわたしは、ちょっと肩の力が抜けた。たしかに「命」なんて言われるとかまえてしまうし、軽々しく考えてはいけないような気になってしまうけれど、だしはだし。それ以外の何物でもないのだ。

仕事が忙しい↓外食やコンビニめしが増える↓体にいいものが食べたい。日頃からこのように思っている人は、とても多いと思う。こんなときこそ、だし生活が身についていると、心にもいい効能があるのではないかと、わたしは思う。冷蔵庫に昆布だしを常備しておけば、あたためて溶き卵を流し入れ、醤油か塩少々を加えればおいしいかき玉スープがすぐに出来る。かき玉スープを作る気力がなければ、昆布だしをあっためて飲むだけでも、心がホッとするはずだ。

深夜に帰宅して「疲れたので何も食べずに寝たい。でも小腹が空いた」というときも、コーヒードリッパーでささっとかつおだしをとれば、部屋中に広がるおだしの香りに癒《いや》され、薄口醤油をひとたらししたアツアツのかつおだしをゆっくり飲むと、罪悪感もなく、小腹も満たされるはず。

多忙すぎて生活が乱れがちな人ほど、だしをとって一息入れることで「体にいいことをしている」という実感が得られるのは間違いないし、「だしをとっている自分→やれば出来る！→心にも余裕が生まれる」という効果も、きっとあるのではないかと思っているが、いかがだろうか。

三、だしを学ぶ

かつお節専門店「にんべん」のおだし教室

かつお節ができるまで

さて、前章ではだし生活で暮らしがどう変わったか、そのメリットについて説明したわけだが、ここで時間を少し巻き戻そう。合羽橋に出かけた頃、つまりだしを巡る冒険のスタート時点である。

いざ「だし生活、はじめよう！」と意気込んでいたら、なんともタイミングよく「にんべん」がおだし教室を開催するという情報を入手。創業300年を超える、老舗《しにせ》のかつお節専門店にんべん。わたしの中では、かつお節といえばにんべんだ。どのスーパーにも置いてある、小分けのかつお節「フレッシュパック」と、そばやうどんに欠かせない「つゆの素」は祖母も母も愛用しており、子どもの頃から身近な存在だった。おそらくこの2つは、ほとんどの日本人が見たことがあるのではないだろうか。かつお節専門店の「正しいだしのとり方」を学べるまたとない機会。さっそく申し込んでみた。

初めて足を踏み入れる、日本橋のにんべん本社。まずは、社員の方による「かつお節が出来るまで」の説明からスタート。

1本のかつお節が出来るまでに、実に半年近くもかかる。専門用語なども多く、素人が理解するのはなかなか難しい。しかし、**かつお節を作るのには、ものすごい手間がか**

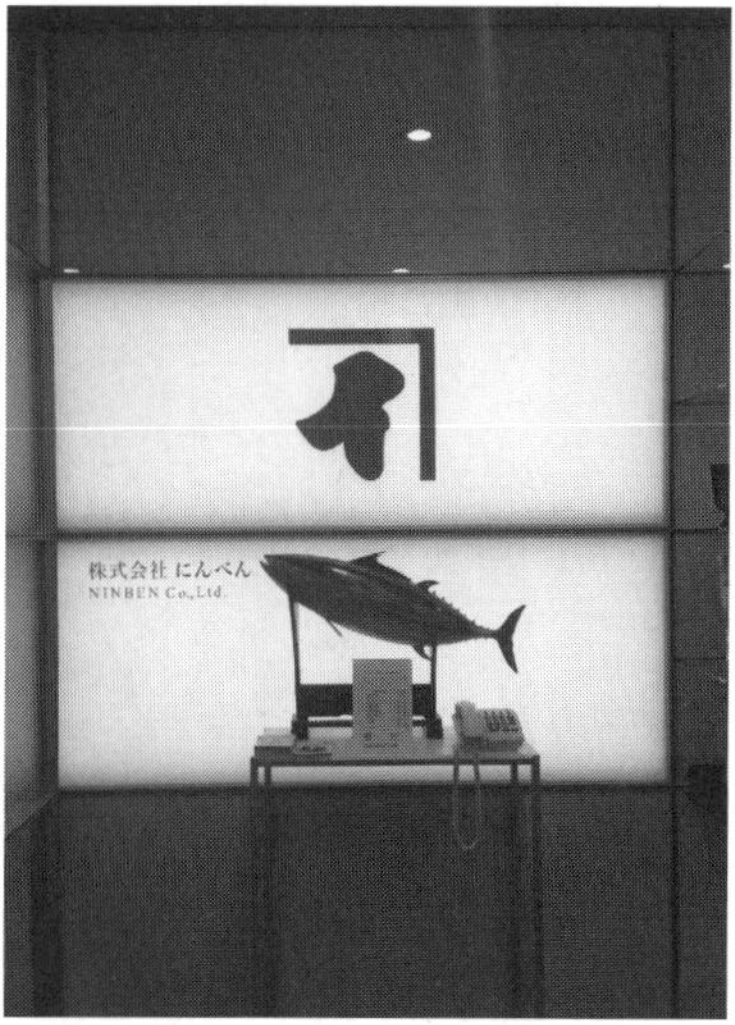

創業300年を超える老舗のかつお節専門店、にんべん

かっているということはよくわかった。「世界一硬い食品」としてギネスにも認定されているかつお節は、とてつもない手間と時間をかけて、カビをつけては乾かす、という過程を繰り返して出来ていたのだ。

そして、何よりもの収穫は、**荒節、枯れ節、本枯れ節の違いが明確にわかったこと**。スーパーに行くたびに、乾物売場にずらりと並ぶかつお節を眺めながら、「いったいどれを選べばいいのだろう」「値段の差は何なのだろう」と、常々不思議に思っていた。カビ付けを行うか否《いな》か、またはカビ付けの回数によって呼び名と値段が違っていたのだ。

荒節は、「花かつお」という名称で多くのスーパーで売られており、チャック付きの大袋にたっぷりと入っている。一方、「本枯れ節」と書いてあるかつお節は、花かつおの半分以下の分量しか入っていないのに、値段はこちらのほうがはるかに高い。参考までに、近所のスーパーでは、花かつお（80グラム）が４９６円、本枯れ節（40グラム）が３９６円といった具合だ。花かつおは、特売時は２９８円になったりもするが、本枯れ節はめったに値下げしていないという印象だ。

「花かつおはたくさん入っているのに、なんで安いんだろう」と、いつも不思議に思っていたが、その理由が一気に判明。カビ付けをしていない分、手間がかかっていないので安かったのだ。と、長年の疑問がスッキリと晴れたのであった。

一本釣りと巻網漁の漁法の説明に始まり、漁獲された鰹がかつお節になるまでの工程は、3枚におろせるシュールな鰹のぬいぐるみ「カツオ解体君」を用いて説明。部位ごとにバラバラになるので、かつお節のど素人のわたしでもわかりやすい。かつお節が出来るまでは、以下の工程からなる。

1 生切り

頭を切り、内臓を取り除いて水洗いしたカツオを切り分ける。

2 籠《かご》立て

切り分けたカツオを煮籠に並べる。

3 煮熟《しゃじゅく》

80〜85℃に調整した煮釜に、カツオを並べた煮籠を10枚ほど重ねて入れる。その後

97～98℃に温度を上げ、鮮度・サイズに合わせて60～90分煮熟する。

4 **骨抜き**

煮熟が終わったら、煮籠を取り出し風通しのよいところで冷やして肉を引き締める。これが「なまり節」と呼ばれるもの。その後、水を満たした水槽に入れて骨抜きをし、表皮を頭部から全体の1／2～1／3ほど剝《は》ぎ取る。

5 **水抜き・焙乾《ばいかん》**

骨抜きした節をせいろに並べ、桜・クヌギなどの広葉樹の薪《まき》を燃やして焙乾し、水分を抜く。

6 **修繕**

骨抜きなどで損傷した部分をきれいに修繕する。修繕には、煮熟肉と生肉を2対1の割合でよくすりつぶして混ぜ、裏ごしにかけた「そくひ」と呼ばれるものを使う。

7 **再び焙乾**

修繕を終えた節を再び焙乾する。一気に焙乾すると、表面が乾くだけで中の水分が抜けにくいので、約1カ月かけて12～13回ほど、繰り返し行う。この焙乾という作業には、水分を取ること以外に、菌の増殖や酸化を防止し、香気をつけるなどの目的もある。この工程で出来た節を「荒節」と呼び、削り節などに加工されるほか、さらに先の工程に進むものとに分けられる。

8 削り・裸節

荒節を半日くらい日乾《ひぼ》しし、2～3日放置しておくと表面が湿気をおびてくる。その後、このあとの工程のカビ付けをしやすいよう、表面のタール分や脂肪分を削り落とし、裸節にする。

9 カビ付け

裸節を2～3日干し、純粋培養した優良かつお節カビを植菌し、貯蔵する。6日くらいでカビがつき、これを1番カビという。カビ付け・日乾を2～3回繰り返したものが「枯れ節」、4～6回繰り返したものが「本枯れ節」となり、手間がかかる分、より高級でおいしいかつお節となる。カビ付けには、「節の水分や皮下脂肪を減少させ、かつお節特有の香気を付与する」、「脂肪が減少することで、澄んだだしがとれる」など、さまざまな目的・メリットがある。

かつお節の種類がわかったところで、どのように使い分けたらよいのだろうか。にんべんの方に質問してみた。

「荒節は油分や魚臭があり、コクのあるだしがとれますので、おみそ汁や、おそばやうどんのつけ汁、煮物などに向いています。枯れ節は上品なだしがとれますので、お吸い物や薄味仕立ての野菜の煮物などに。もっとも高級な本枯れ節は、さらにうま味が強く、完成までに手間がかかっている分お値段も上がります。とても香りが豊かなので、まずは、お正月などの特別な日の料理に使ってみてはいかがでしょうか」

なるほど。これまでは、そもそも「かつお節を使い分ける」という発想すらなかった。「そんなに味が違うのだろうか」と思った矢先、次は利きだしをすることに。

利きだし実験

小さなプラスチックのコップに入った荒節、枯れ節、本枯れ節、昆布、顆粒の5種のだしで、利きだしをする。コップには何も書かれていないので、何のだしかはわからない。まずはひと口ずつ飲んで、まっ先にわかったのは昆布。ほかの4つに比べて、明らかに風味と味が違うので、わたしのようなだしの素人にもすぐにわかる。

もうひとつわかりやすいのが、顆粒だし。明らかに液体の見た目が違い、にごっている。そして、飲むと塩気がはっきりとしていて、「かつお節以外にいろいろなものが入っているな」ということがわかる。他の参加者も、昆布と顆粒はすぐにわかっていたようだ。しかし、あと

かつお節の名前の違いは？

なまり節	カツオを煮熟（よく煮ること）し、風通しのよいところで冷やして肉を引き締めたもの。 完全には乾燥していない。そのまま食材として食べることができる。
荒節	なまり節から骨を抜き、焙乾（いぶすこと）を12～13回繰り返す。この工程でできた節。 削り節などに加工される。 それがスーパーなどで売っている「花かつお」。 みそ汁や、おそばやうどんのつけ汁、煮物などに。
枯れ節	裸節に優良かつお節カビを植菌し、乾かすという工程を2～3回繰り返したもの。 お吸い物や薄味仕立ての野菜の煮物などに。
本枯れ節	上の工程を4～6回繰り返したもの。 手間がかかる分、より高級でおいしいかつお節となる。

の3つが難しい。見た目はどれも似たような感じで、濃さが違う程度の差しかない。飲むと、どれもかつお節だしということはわかるのだけれど、なんせ普段顆粒だしばかり使っている自分の舌には、正直差がわからない。

正解を教えてもらい、「いわれてみれば、荒節ははっきりとコクのある味かも」とは思うけれど、枯れ節と本枯れ節の違いはよくわからなかった。どちらも、荒節に比べると上品な味。日々、かつお節を使い分ける生活をするようになれば、おそらく敏感に差を感じるようになるのだと思う。

この利きだしで、「顆粒だしには塩が入っている」ということがはっきりとわかった。塩以外にも、「なんとかエキス」など、さまざまな添加物が入っているということはなんとなく認識していたつもりだったけれど、飲み比べをしてみると一目瞭然、ならぬ〝一舐め瞭然〟。本物のだしと顆粒だしは、こんなにも違うのだなぁ……ということを、再認識したのであった。

「にんべん」流、黄金比率のかつおだし

次は、かつおだしのとり方のデモンストレーションを見学。かつお節のことなら何でもござれのにんべん社員の方が、手際よくだしをとる。用意するものは、水1リット

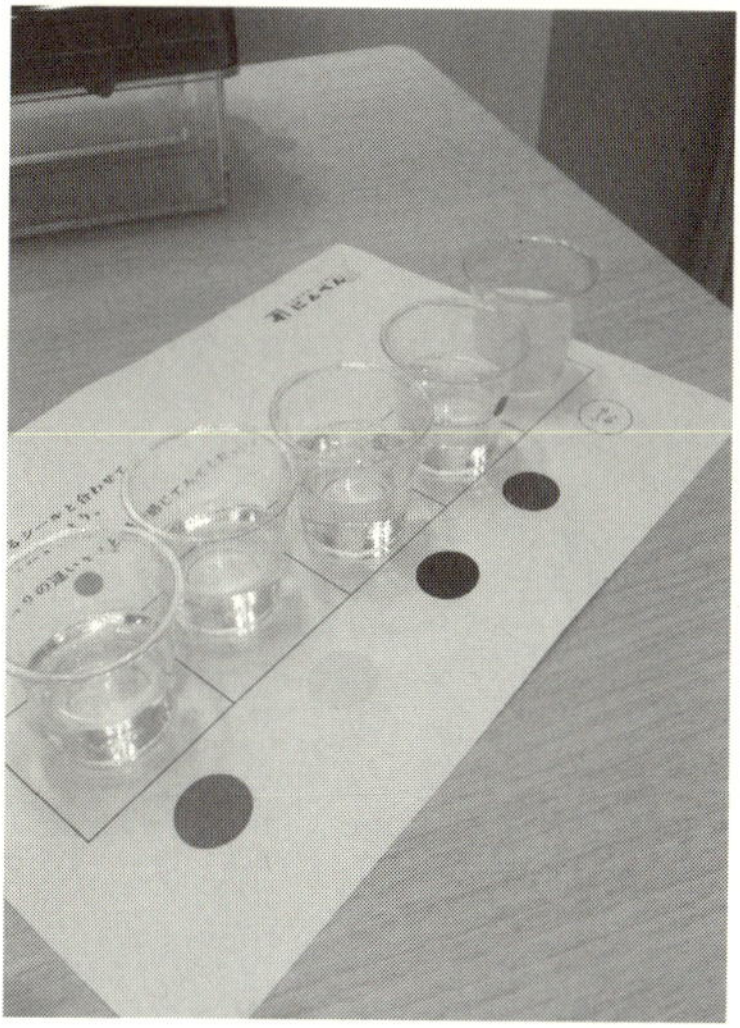

利きだし。5種類のだしを飲み比べてみたら…

ルにかつお節30グラム。作り方は以下の通り。

1　水が沸騰したら差し水を少々加え、蒸発した分を補う。かつお節をすべて入れる。一気に入れるのがポイント。
2　すぐに火を止めて30秒〜1分間待つ。かつお節が鍋の底に沈むのが目安。
3　布やキッチンペーパーなどでこしたら、一番だしのできあがり。えぐみが出るので、絶対にしぼらないこと。

たったの1分。できあがったかつおだしは、なんとも美しいシャンパンゴールド色。かつお節のものすごくいい香りが、室内にたちこめている。香りだけでも心からホッとするくらいだ。

一番だしをとった後、同量の水（1リットル）を加えて10分ほど煮立ててこすと、二番だしの完成。豊かな味と香り、そしてにごりのないシャンパンゴールドの一番だしは、お吸い物や茶わん蒸し、みそ汁などに。二番だしは、一番だしに比べてやや香りが弱くなるものの、濃いうま味が特徴。煮物や炊き込みごはん、鍋物などにおすすめとのこと。昆布だしを合わせれば、「かつおと昆布の合わせだし」になる。

かつおだしのとり方はよくわかった。そして、わたしがまっ先に思ったのは、「30グラムもかつお節を入れるの？　そんなに？」ということだ。疑問に思ったことは、すぐに質問する。ライターの性《さが》である。質疑応答タイムに入り、わたしは我先にと手をあげた。

「すみません、料理本などでは、かつお節の量が『10グラム』や『ひとつかみ』

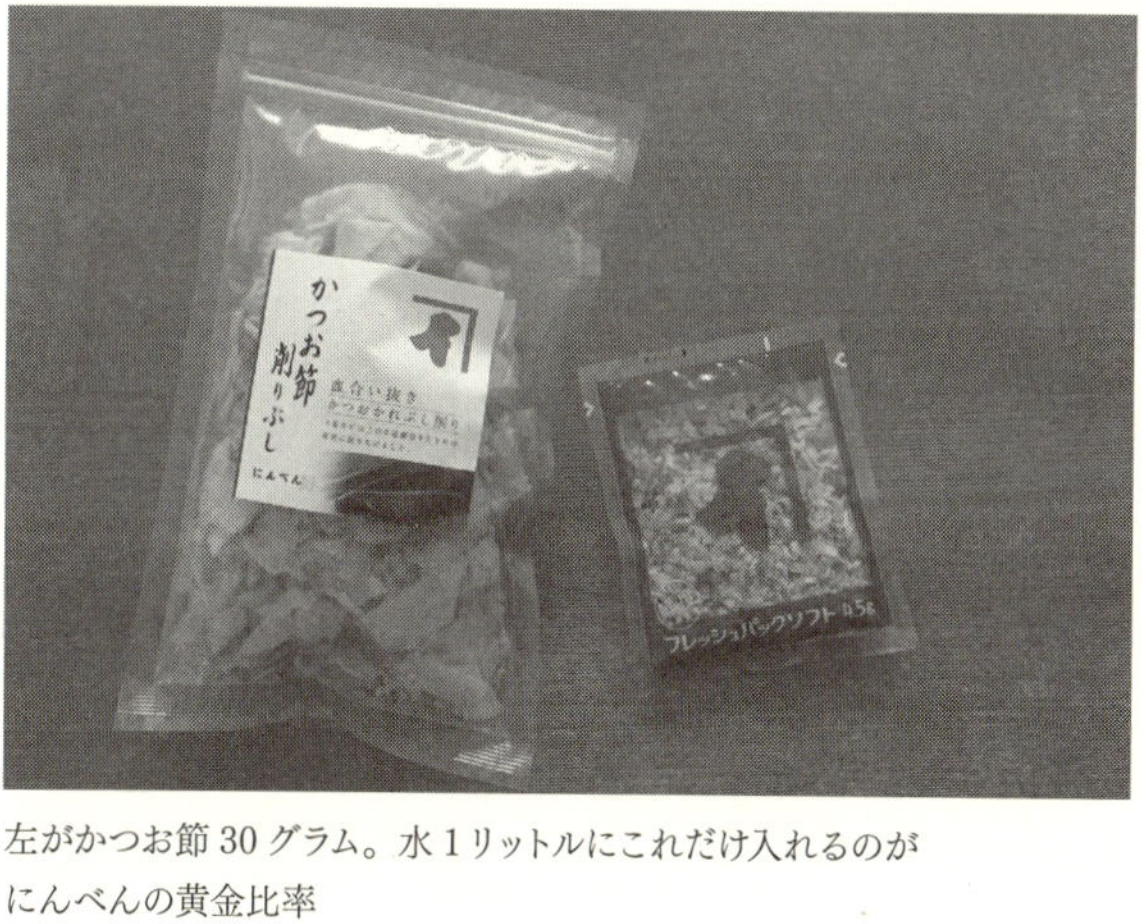

左がかつお節30グラム。水1リットルにこれだけ入れるのがにんべんの黄金比率

など、本によってバラバラなのがいつも気になっているのですけど、にんべんはなぜ30グラムなのでしょうか？」

「だしのとり方は、料理家や料理人によっても違います。弊社が30グラム使うのは、これが**にんべんの黄金比率**ということです」

なるほど！　黄金比率!!　なんと腑《ふ》に落ちる説明なのだろうか。だしのとり方に正解はない、ということを、わたしはこの瞬間初めて知った。それぞれのやり方があるのだ。1リットルに30グラム。覚えた。だしをとる手順は簡単だったので、この量さえ覚えておけば、もうかつお節だしのとり方に迷うことはない。と、この時はたしかにそう思ったのだが、この後わたしは、「分《わけ》とく山《やま》」野崎《のざき》料理長のおだし教室で、再び困惑することになる。

かつお節を自分で削ってみる

日頃から、衣食住のすべてにおいてていねいに暮らしている友人が、「朝は奥さんが削るかつお節の香りで目覚める」と言っていて、目ん玉が飛び出るほど驚いたことがある。か、かつお節を削るだと……？　しかも毎朝⁇

この友人の発言を機に、ずっと「かつお節削り器」が気になっていた。料理道具のお店が好きで、普段からよくのぞくけれど、削り器は一度も見たことがない。いや、合羽橋なら間違いなく売っているのだろうけれど、そもそも注目すらしていなかったので、目に留まることがなかった。

そして、削り節ではない1本まるごとのかつお節なんてどこに売っているの？　と思っていたら、ちゃんとスーパーに売っていた。特に、品ぞろえにこだわりのあるスーパーや、いわゆる高級スーパーにはだいたい置いてある、という印象だ。

にんべんのおだし教室で社員による削り器での実演があり、ラッキーなことに参加者も削らせてもらえることに。これはもう、率先して削らせていただきますよ。

教えられた通りにかつお節を手に持ち、削り器の刃にあてて体重をかけ、前方に押し出す。か、硬い……。けっこう力がいる。にんべんの方はすいすいと削っていたのに、これはなかなかコツがいるようだ。いくらかつお節を動かしても、刃から下に落ちていくのは粉ばかり。売り物のようなきれいな削り節にはほど遠い。

手を動かしていくうちになんとなくコツがつかめてきた。手のひらの下のふくらんでいる部分にかつお節をあて、グッと力を入れて押し出すと、くるんと丸まったリボンのような、ピンク色のきれいな削り節が出てきた……！

「そうそう、そんな感じですね。削りたて、ぜひ食べてみてください」

生まれて初めて食べる、自分で削ったかつお節。ひらひらと薄く、儚《はかな》い美しさ。そして、なんといっても香りがいい。パックのものとは全然違う。ふんわりとした削り節を指先でそっとつまんで口に入れてみると、うま味が口中に広がり、すぐにとけてなくなる。これはおいしい。

かつお節は、削ったそばから酸化していき、香りが薄まり、色もくすむ。市販されているパックのかつお節は、パッケージや製造方法などで酸化しにくい工夫がされているとはいえ、削りたてにはやはりかなわない。第一、こんなにきれいなピンク色の削り節を見たのは初めてだ。いつも見ているのは、茶色かベージュといったところ。

昔は、かつお節を削るのは子どもの仕事だったという。毎朝かつお節を削り、みそ汁を作るのが日常の光景だったのだろう。さまざまな技術が向上し、酸化しにくいパッケージが生まれ、「かつお節といえばパックの削り節」というのが当たり前になった。人々はどんどん忙しくなり、時短料理がもてはやされるようになった現在、「かつお節は自宅でも削れる」ということを知らない人も少なくないと思う。

削りたてのかつお節の風味とおいしさは格別だ。炊きたての白いごはんにたっぷりかけて、醤油をひとたらししたり、冷ややっこやほうれん草のおひたしも、ワンランク上のおいしさに。もちろんだしをとっても風味が全然違う。おいしさはもちろんのこと、香りが味覚に与える影響って、ものすごく大きいということを実感した。なんというか、**脳が驚くおいしさ**というか。生まれて初めて削り器を体験してみて、「昔の人はこんなにおいしいものを日常的に食べていたのか」と思ったり、「便利さと引き換えに失ったものは他にもあるんだろうなぁ」などと、かつお節を自分の手で削ることで、いろんなことが頭の中を駆け巡ったのであった。

かつお節は、一度の料理で食べる分、使う分だけ削るのが鉄則。手間はかかるけれど、いつもの手料理が何倍にもグレードアップするので、試してみる価値は大いにあり。気になった方は、ぜひ一度お試しを。

「分とく山」野崎料理長に学ぶ、おだし料理の方程式

にんべんのおだし教室がご縁で、同社主催のイベント、「キレイを作るおだし学」に参加させていただけることになった。全3回シリーズのこのイベントは、さまざまなジャンルの一流料理人に教わる、なんとも贅沢なおだし教室。

まずは、和食の「分とく山」野崎洋光《ひろみつ》料理長による、「家庭で楽しむおだし料理の方程式」に参加した。野崎料理長といえば、テレビでよく見かける、日本を代表する料理人のひとり。地元札幌の和食店で料理人をしている友人は、「野崎さんは和食の神様だよ！　おだし教室に参加できるなんて、東京はすごい！」と興奮しながらいっていた。

そんな、テレビでしか見たことのない野崎さんを、目の前で見た時はさすがに緊張。ま

ずは、野崎流かつお節だしのとり方からスタート。

「分量は、水1リットルに、本枯れかつお節を15グラム。鍋に水を入れて沸騰したら、大きめのボウルに熱湯を注ぎ、かつお節を入れて1分待ちます。その後ふきんでこして出来上がり」

あれ、なぜ沸騰した鍋に直接かつお節を入れないの？　と、まっ先に疑問に思う。ボウルに熱湯を移す理由は、「だしの抽出に適した80℃に下がるから」とのこと。**野崎流かつお節だし理論は、80℃のお湯で抽出するのがベスト**。鍋に温度計を入れて計るのは大変だけど、沸騰したお湯をボウルに移すことで、ちょうど80℃くらいまで下がるのだそう。熱湯を移したボウルにかつお節を入れて1分待ち、こすだけ。

「みなさん『だしは難しい』とおっしゃいますが、どうしてこんな簡単なことが出来ないのでしょうか？」

野崎さんのこのひとことが、強烈に刺さった。たしかに、なぜわたしはこんな簡単なことが出来ないのだろう。ぜんぜん難しくないじゃないか。野崎さんは、こうも続けた。

「僕が作っただしポットという商品があるんですけど、あれは、磁器製のポットに熱湯を注ぐことで、温度を下げて適温に保ち、だしを抽出するというしくみ。つまり、今やったことを応用したものなんです」

『野崎洋光のだしポット』、もちろん知っている。わたしも何度欲しいと思ったことか。かつお節と昆布を入れたポットにお湯を注ぐだけで、おいしいだしがとれるすぐれもので、10万個以上も売れた大ヒット商品だ。しかし、目の前で見た野崎流かつお節だしのとり方はいたって簡単。「なんだ、ポットを買わなくたってこれなら出来る」と即座に思った。野崎さん、すみません……!

もうひとつ、疑問に思ったことがある。それは、「水1リットルにかつお節15グラム」という分量だ。にんべんのだしとり教室で習ったのは「水1リットルにかつお節30グラム」。人によってだしのとり方や分量が違うことはわかるのだが、それにしても、倍も違うのはなぜだろう。

だしをとったあとは、みそ汁、魚の煮物、おひたし、豆腐の副菜といった、和食の基本である一汁三菜レシピを教わる。レシピもさることながら、わたしが興味深かったのは、野崎さんの流暢《りゅうちょう》なトークだ。とにかく気さくで軽快で、時には笑いが起こる。まるで野崎洋光ショーを見ているかのようだ。

イベント終了後の質問タイムで、思いきって分量の疑問を質問してみた。

「先日にんべんで習っただしのとり方と、野崎さんのとり方ではかつお節の分量が違うのですが、倍も違うのはなぜでしょうか」

「それはですね、大人の事情です。にんべんさんは、かつお節をたくさん買ってほしいからです」

どっと笑いが起こった。ま、まずいことを聞いてしまった気がする……。でも、にんべん社員の方もわっはっはと笑っておられる。思い返すと、「にんべんの黄金比率だし」は、かつお節をたっぷりと贅沢に使う分、うま味を強く感じる濃いめの味わい。「15グラムでも十分だしが出ます」と野崎さんが言う通り、野崎流かつお節だしもしっかりとうま味を感じるし、薄いとも思わない。実際に試食してみて、だしの素人ながらそのように感じた。

だしのとり方はさまざま。好みや料理によって、かつお節の分量を調節すればよいのだな。ふむふむ。

野崎さんはとても気さくな方だったので、イベント終了後、図々しくもツーショット写真をお願いしつつ、昆布についても疑問に思ったことを聞いてみた。

「先ほど、かつお節だしをとるときに、『安い昆布を使ってもあまりだしが出ないので、かつお節だけでも十分』とおっしゃっていましたが、安い昆布では意味がないのでしょうか？」

これまでほとんどだしをとっていなかったわたしは、昆布を使うのは冬の鍋物用くらいだ。買うのは決まって、一番安い日高昆布。それも、スーパーに並んでいる中でも最安値のものを選んでいた。日高昆布だけでも数種類並んでいて、パッケージを見ただけでは違いがわからないし、素人には価格の差などわからないと思っていたからだ。

「その昆布の産地や質にもよるので何ともいえませんけど、あなたが今買っているような昆布だと、ほとんどだしが出ていないかもしれません」

思い当たる節はあった。鍋物に昆布を入れても、昆布のうま味を感じたことは実は一度もない。「昆布を入れても入れなくても変わらないんじゃないだろうか」とすら思っており、正直、気休め程度に入れていただけだ。せっかくの機会なので、昆布の産地についても質問してみた。

「先日近所のスーパーで、南茅部《みなみかやべ》産の真《ま》昆布のパッケージに『最高級だし』と書いてあったんですけど、最高級だしは利尻《りしり》昆布ではないのでしょうか？」

なんとなくだけれど、利尻昆布が最高級というイメージを持っていた。そして、南茅部とは、道南の函館の近くにある昆布漁の盛んな町。実は、北海道生まれのわたしでも、初めて聞く地名だった。昆布といえば利尻と羅臼《らうす》、日高しか知らなかったので、そのどれでもない南茅部の、これまた聞いたことのない「真昆布」が「最高級」とは、一体どういうことだろうと、スーパーで見かけてからずっと気になっていたのだ。

「**真昆布は高級昆布です。うちの店で使っているのは、すべて南茅部の真昆布ですよ**」

な、なぬ……！　あの「分とく山」の昆布はすべて真昆布……！　料理人の世界はともかく、一般的にはほとんど知られていない真昆布を、野崎さんが使っている。わたしは俄然《がぜん》昆布について調べてみたくなり、野崎さんに、昆布に詳しい人やお店をご存じないか聞いてみた。図々しいにもほどがあるのだが、野崎さんはニコニコと、間髪《かんはつ》を入れずに教えてくださった。

「それなら、札幌の『佐吉《さきち》や』さんに聞くといいですよ。真昆布の専門店です。わたしの紹介といってもらってかまいません」

札幌。わたしの地元ではないか。恥ずかしながら、昆布の専門店があるなんてまったく知らなかった。昆布問屋といえば、大阪というイメージを持っていた。『佐吉や』さんをはじめとする昆布を巡る冒険については、後ほど詳しく述べたいと思う。

【分とく山】
東京都港区南麻布5－1－5／電話03－5789－3838／定休日　日曜日・年末年始

「イル・ギオットーネ」笹島《ささじま》シェフに学ぶ、おだしベースのイタリアン

2回目のおだし学の講師は、人気イタリアンレストラン「イル・ギオットーネ」の笹島保弘《やすひろ》シェフ。京野菜をふんだんに使用した〝京都発信〟のイタリアンとして、京都のほか、東京、大阪にも店を構える。

以前、テレビ番組で笹島夫妻が自宅でパスタを作るシーンを偶然見たことがあるのだが、立派な昆布と一緒にパスタをゆでていて、「え、昆布?」と思わず二度見したことがあった。強烈な光景だったのでよく覚えていたのだけれど、番組では昆布と一緒にゆでる理由にまでは触れなかったので、講座の冒頭、「僕のお店では、パスタをゆでる際、昆布や干し椎茸などのだし素材と一緒にゆでて、パスタにうま味を吸わせます」と聞いて、「そういうことだったのか……!」と納得。

そもそも、笹島シェフはなぜ、イタリア料理におだしを使うようになったのだろうか。

「昔、本願寺さんから頼まれて『イタリアン精進レシピ』という精進料理の本を作ったことがあるんです。精進料理では、だしに昆布や干し椎茸などを使いますが、そのときにだしの奥深さに気づき、自分の店でも使うようになったんです」

そのときから、パスタをゆでるときに昆布や干し椎茸を使ったり、スープのベースに使うなど、さらに京和風なイタリアンへと進化していったとのこと。そもそも、この本のおいたちがとても興味深い。『イタリアン精進レシピ』を出版したのは、本願寺出版社。浄土真宗本願寺派の本山、本願寺だ。本を入手し、出版社名を見たときに思わず「本物だ」と思った。

精進料理の定義は、簡単にいうと「肉や魚を一切使わない、野菜がメインの料理」であろう。本願寺で修行しているお坊さんは若い人も多く、精進料理を作るにも、なかなかバリエーションが思いつかないという悩みがあった。そこで、「和食だけではなく、洋風な精進料理があってもよいのでは」と、京都の人気イタリアンシェフの笹島さんに、「イタリアンの精進レシピの本を作ってほしい」と依頼があったというのだ。なんと今どきで、柔軟性のあるオーダーなのだろう。本書を開くと、「伝統は、守るだけでなく、拓いてゆくことも必要であり、可能なのです」と書かれてあり、何事も時代に合わせて変化していく必要性があるのだな、と思わせられた。

笹島シェフのだしの活用法は、複数のうま味素材を重ねる〝重ねだし〟という考え方。「簡単ミートソースのパスタ」では、先述の通りパスタをだしでゆでたり（この日はかつお節と干し椎茸の戻し汁を活用）、ミートソースにトマトや刻んだ干し椎茸、パルミジャーノチーズなど、うま味素材を幾重にも重ねていく。「菜の花のイタリア風おひたし〝アクア・パッツァ風〟」は、あさりとドライトマトという、うま味の塊《かたまり》のような素材と菜の花を掛け合わせ、オリーブオイルでうま味を引き立たせた後に、さらに仕上げに本枯れかつお節をトッピング、といった具合だ。

うま味成分といえば、だしのベースとなるかつお節と昆布、干し椎茸くらいなものかと思っていた。トマトにもうま味が多く含まれていることは何となく知っていたけれど、さらにチーズやあさりなどを重ねることで、こんなにも深みのある味わいになるなんてと目からウロコが落ちまくり。だしのことばかり考える日々を過ごしていながら、「うま味成分を多く含む食材」のことは、全然考えたことがなかった。うま味とうま味を掛け合わせることで、うま味が7～8倍も強く感じるという「うま味の相乗効果」は、スープだけではない、ということが頭でも舌でも理解できたのであった。

笹島シェフの言葉でとても印象に残ったのは、「**かつお節は何にでもかければいいんです。うまくなるだけなんだから**」。かつお節をかける料理なんて、おひたしとたこ焼き、お好み焼きくらいしか思いつかない。というくらい、日常的にほとんど使っていなかったわたしはまたしても目からウロコが３００枚落ちた。「うまくなるだけ」。たしかに、メリットはあれどデメリットは何もない。栄養価もアップするし、いいことだらけだ。

笹島シェフは、家で作るトマトソースにかつお節を混ぜたところ、お子さんがいつもよりも明らかに喜んで、「おいしいおいしい」と食べたそう。「子どもは正直ですからね。おいしいものはわかるんですよ」。

すごいことを教わった。**トマトソースにかつお節を入れるなんて**、思いつきもしなかった。帰宅後すぐに作ったのはいうまでもない。トマト×かつお節で、うま味の相乗効果が半端じゃない。にんべんの「フレッシュパック」を2袋ザザザッと入れて混ぜるだけで、こんなにうま味と深みが増すなんて。

かつお節は和食だけだと思っていたわたしは、一気に新しい扉が開いた気がした。かつお節ってすごい。いや、考えてみたらかつお節はもとは魚なんだから、別に何の料理に使ったっていいのか。

それからというもの、いろいろな料理にかつお節を入れるようになった。中でもわが家で大好評なのが、カレー鍋の締めのカレーそばだ。

ポン酢で食べるいわゆる「水炊き」やキムチ鍋、豆乳鍋のときは、うどんや雑炊、ラーメンで締めることが多い。カレー鍋のときは、ごはんとチーズを入れてリゾット風にするのが定番だったのだけれど、ある日ふと、笹島さんの発言を思い出し、「そうだ、そばにしてみよう」と思い立つ。カレー鍋には鶏肉もネギも入っているので、かつお節を入れると、そば屋のカレー南蛮《なんばん》っぽくなるのではないかと思ったのだ。

そばをゆで、さっそく鍋に投入。そして、にんべんのフレッシュパックをザザッと2袋。これが予想通り大正解で、まさにそば屋のカレー南蛮っぽい！　とろみのあるカレーにそばをからめて食べる感じなのだけれど、開封したてのかつお節はとても香りが豊かで、カレーにも抜群に合う。かつお節自体はカレーのとろみに溶け込むので、食感はほとんどわからなくなり、味と風味が和風になるという感じ。

ほかにも、あんかけ料理のあんに加えると風味が豊かになり、クリームシチューに入れてみてもまったく違和感がなく、おいしかった。また、あたたかいうどんやそばのつゆを作り、鍋からお玉ですくって味見したときはちょうどよかったのに、いざ麺を加えて丼に移した後に、「ちょっと薄いかも……」と気づく、ということも案外多いもの。そんなときは、醬油を足すのではなく、かつお節を加えると、風味がグッと増して満足できる味になる。これぞまさに、追いがつお効果。

かつお節は、「うま味たっぷりの魚のふりかけ」と考えると、もっともっと使い道が広がるのではないだろうか。とにかく、和風にこだわらず何にでもかけてみる。まずくなるわけがなく、うまくなるだけなのだから。笹島さんのおかげで、わたしの中で「かつお節＝和食」という固定観念が、ガラガラと崩れ落ちていくのがわかった。

後日、丸《まる》の内《うち》の「イル・ギオットーネ」で「白子と九条ネギのパスタ」を食べてみたところ、ひと口食べて衝撃を受けた。今まで食べたどのパスタとも明らかに違う。だしのうま味をたっぷりと吸ったパスタに、とろりととろける白子、甘みのある九条ネギ。グルメレポートで「口の中で見事なハーモニーを奏でる」といった表現をよく見かけるが、まさにそれだ。

笹島さん曰《いわ》く、「パスタをゆでるだしは、昆布でもかつお節でも干し椎茸の戻し汁でも何でもいい」とのこと。すぐに真似《まね》できて、おうちパスタが確実にレベルアップ。たくさんの気づきがあり、ますますだしに興味がわいてきた！

【イル・ギオットーネ】
丸の内店　東京都千代田区丸の内２－７－３　トキア東京ビル　１Ｆ／電話０３－５２２０－２００６／定休日　不定休
京都店　京都府京都市東山区下河原通塔の前下ル八坂上町３８８－１／電話０７５－５３２－２５５０／定休日　火曜日（変更の場合あり、休業日程はＨＰで要確認）

遠藤料理長に学ぶ、おだし×中華の可能性

にんべん創業315周年記念の「キレイを作るおだし学」、ラストを飾る講座は、遠藤浄《きよし》料理長による、中国料理におけるだしの活用法。遠藤料理長は、この当時「四川豆花飯荘」にいらっしゃったが、現在は京都で「町家四川 星月夜」というお店の開店に向け、準備中だ。（2015年11月オープン）。四川料理といえば、中国各地の香辛料を使用した「麻辣《マーラー》」味が特徴だが、シンガポール育ちの中国料理レストランである同店は、アジア各国のテイストを加えた新感覚の中国料理が楽しめる。この日教わったのは、粉末のだしを使ったお弁当レシピ。おなじみのしゅうまいや焼きそばも、かつお節と昆布のだしを使うことで、うま味たっぷりのほんのり和テイストな仕上がりになり、とってもおいしい。遠藤料理長はお店でもふかひれの姿煮やスープなどにかつお節や昆布だしを使っているそうで、中国料理のだしといえば、鶏ガラと干し貝柱、干し海老くらいしか知らなかったわたしは、今回もまた「へぇぇ!!!」の連続なのである。

「かつおだしは、鶏ガラスープの感覚で使っています。塩味の炒めものや豆腐の煮込み

など、あっさり味の中国料理によく合いますよ」と、遠藤料理長。ポイントは「通常の3～4倍の濃さでだしをとること」で、**濃いめのだしだからこそ中国料理でも存在感を損なわず、しっかりとしたうま味が加わる**というわけだ。

中国料理はうま味調味料に頼る店も多いが、「町家四川　星月夜」では、それらの調味料を一切使わない。遠藤料理長によると、最近は台湾の中国料理店でも昆布が注目されているという。

「和食がユネスコの無形文化遺産に登録されたことで、海外のシェフもだしの『UMAMI』に注目しています。台湾でも中国料理はうま味調味料を使う店が多いですが、『UMAMIがそんなにすごいものなら、昆布でだしをとってみよう』『無形文化遺産に選ばれるくらいだから、さぞうまいのだろう』といった風潮があり、日本のだしが注目されていますね」

前回の「イル・ギオットーネ」の講座ではイタリアン、今回は中国料理でのおだし使いを学び、「かつお節や昆布のだしは、和食だけではなく、どんな料理にも使っていい」ということに気づけたのはとても大きな収穫だった。うま味同士を重ねると、シンプルな料理もとてもおいしくなる。
だしはぜんぜん難しくない。
そして、だしはとても自由だ。

【町家四川　星月夜】
京都府京都市下京区油小路通仏光寺上ル風早町582／電話075-341-2510／定休日　火曜日（その他定休日あり）

四、大人の自由研究

真昆布を知りに札幌「佐吉や」へ

だし生活をはじめ、昆布に興味がわいてきたわたしは、「分とく山」の野崎料理長に紹介していただいた、札幌の真昆布専門店「佐吉や」に話を聞きに行くことにした。

高級住宅街として知られる円山《まるやま》エリアに、「佐吉や」はあった。小ぢんまりとした店内には、使いやすくカットした真昆布や、とろろ昆布、粉末状の昆布など、さまざまな昆布製品がずらりと並ぶ。

店主の佐々木《ささき》惇《あつし》さんは、函館生まれ。小学校から中学2年までを、南茅部町（現・函館市尾札部《おさつべ》町）で育ち、高校卒業後、機械の技術職に就き、全国各地を回っていたが、転職して食品卸会社「加卜吉」（現・テーブルマーク）に勤務。その後、1997年に独立して、真昆布専門店の「佐吉や」を開いた。昆布の種類はほかにもあるのに、なぜ真昆布専門店にしたのだろうか。

「故郷の南茅部でとれる真昆布は、『献上昆布』と称され、天皇家にも献上されているほど上質な昆布なんです。それなのに、全国的にほとんど知られていないことが悔しくて、一念発起しました。やはり、地元の素晴らしい昆布をもっと知ってもらいたいですから」

そんなすごい昆布があったとは、北海道出身のわたしですらまったく知らなかった。道内在住者でも、南茅部という地名すら知らない人も少なくない。わたしがこの地名を知ったのは、近所のスーパーで昆布コーナーを眺めていたときに、「北海道南茅部産真昆布（最高級だし）」というパッケージを見かけたのが最初だ。見た瞬間、「南茅部？　知らないなあ」と思い、しかも、最高級だしがとれる真昆布という昆布があることすら知ら

札幌の昆布専門店「佐吉や」には、さまざまな昆布製品がずらりと並んでいる

なかったのだ。真昆布＝「真」の昆布。考えてみたら、すごいネーミングではないか。

「利尻や羅臼、日高など、それぞれの昆布によさがありますが、僕はやっぱり、生まれ育った南茅部の真昆布が一番だと思っています。地元の誇りですから」

ここでわたしは、日頃から疑問に思っていたあのことを、思い切って佐々木さんに聞いてみた。

「いろんな昆布のパッケージを見ると、利尻も羅臼も真昆布も、みんな『昆布の王様』と名乗っています。どの昆布が本当の王様なのでしょうか？」

「そりゃあ『おらが浜』が一番ですから、みんな自分のところの昆布を王様と名乗るんですよ（笑）」

比較的手頃な価格の日高昆布だけは王様とは名乗らないんだな……と思いつつ、妙に納得。なるほど、おらが浜が一番か。そりゃそうだ。

真昆布は、わたしもこの年になってから知ったくらいなので、知名度が低いのがほんとうにもったいない。「献上昆布」と呼ばれていたくらいの、すごい昆布だというのに。

「佐吉や」は、注文の7割以上が本州の方だという。同店を一人で切り盛りしている佐々木さんは、この日も発送準備に追われていた。

北海道は昆布の一大産地であるにもかかわらず、昆布の消費量がとても低い。その理由は、江戸時代の北前船の歴史までさかのぼる。関西方面に運ばれて消費されていたため、北海道には昆布文化が根付かなかったのだ（このことは六章でもう一度触れたい）。改めてこの事実を知ると、なんともったいないことかと思う。

「北海道のみなさん、もっと昆布を料理に使うべきですよ！　もっと昆布でだしをとらないと、こんなにおいしくて体にいいのにもったいないですよ！」

わたしは今、声を大にしてそう言いたい。昆布のことを知れば知るほど、心底そう思うようになった。昔は昆布をほとんど使っていなかった実家の母も、今では毎日の料理に昆布だしを使っている。母に理由をたずねると、

「だって、おいしいもん」

完全に同意！

【佐吉や】
札幌市中央区北3条西29丁目1－33／電話011－643－5059／定休日　土・日・祝日

「北海道昆布館」に行ってきた

フェイスブックに昆布取材で帰省していることを書いたら、函館在住の高校の同級生が「昆布館には行かないの？」とコメントをくれた。ん？　昆布館ってなんだ？

「札幌から函館に来る途中の七飯町《ななえちょう》にある施設。昆布に関する展示や、昆布製品の試食がいっぱいあるよ」

札幌から函館までは、約250キロ。東京に置き換えると、愛知県豊橋《とよはし》市あたりまでと同じくらいの距離だ。札幌時代、仕事や旅行で何度か函館に行くことがあったけれど、遠すぎるためJRでしか行ったことがないので、ドライブイン代わりとしても使われているという昆布館の存在を知らなかった。友人が案内してくれるというので、せっかくの機会だし、函館に向かうことにした。

函館駅まで迎えに来てくれた友人の運転で、昆布館のある七飯町方面へと向かっていると、国道5号線沿いに巨大な施設が突如現れる。駐車場もめちゃくちゃ広くて、観光バスがひっきりなしに出入りしている。これはたしかにドライブイン代わりだなと納得。

まずは、昆布漁の様子など観賞出来る「イマジカドーム」へ。友人は何度も来ているので、わたし一人で見ることにした。プラネタリウムのようなドーム型で、天井を見上げると大迫力の映像が映し出される。早朝の海に漁師たちが集まり、漁の責任者によって大きな旗が振りかざされると出漁の合図。この出漁シーンがものすごい迫力で、フルスピードで漁場へ向かう船の姿は、まさに「疾走」。何台もの船が一斉に走り出す様子は、まるでボートレースを見ているかのよう。よりよい漁場を求めて我先にと向かう、男たちの戦いだ。昆布漁の映像は初めて見たので、「えぇぇ!!」と叫びたくなるほどほんとうに驚いた。昆布ってこんな風にとっていたのか……。全然知らなかった。

約10分という短い上映時間だったけれど、大満足。興奮してドームを出て友人に「いやー、すごかった！　いいもの見させてもらった！」と伝えると、「え、そんなにすごかったっけ？（笑）喜んでもらえてよかったわ」と、わたしのあまりの興奮ぶりに驚いていた。

続いては昆布の歴史を展示した、「コンブミュージアム」へ。北海道でとれた昆布を北前船で関西に運んでいた歴史や、昆布の生態、昆布と人との関わりなど、昆布のすべてがわかる。昆布に関する本をいろいろ読んでいたので、基本的なことは知っているつもりだったけれど、年表や写真、実際に漁に使っていた本物の道具やパネルなどが豊富に展示されていて、視覚的に一発で理解できる。まさに昆布の博物館だ。

昆布についての知識を深めたら、お土産売り場へ。これがまたすごい面積で、ものすごく広い。さまざまな種類の昆布に加え、加工品がとにかく充実。とろろ昆布や塩昆布、つくだ煮などのポピュラーなものから、おつまみやおやつにもぴったりの「焼きごま昆布」、「わさび焼き昆布」など、スーパーではほとんど見かけることのない味つけ昆布製品。昆布醤油や昆布茶など、ありとあらゆる昆布製品がズラリと並び、そのほとんどが試食出来るという太っ腹ぶり。ほとんどの客が食べまくっている。一通り食べると、胃の中で昆布の食物繊維が膨張してお腹がいっぱいになる（笑）。

極めつきは、売店で売っている昆布ソフトクリーム。独自にブレンドした昆布粉末を牛乳ソフトに練り込んだというもので、見た目はほんのりとグリーン。恐るおそる口にしてみると……。なんだ、

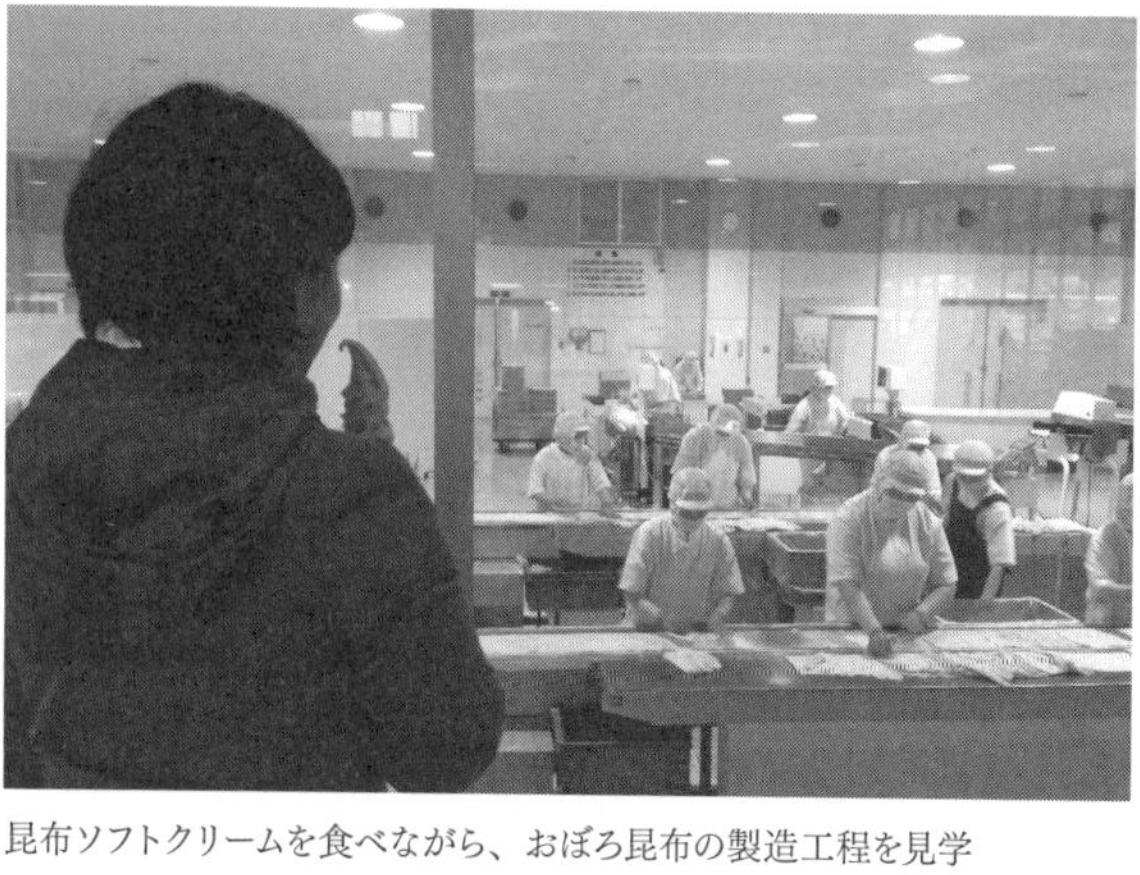

昆布ソフトクリームを食べながら、おぼろ昆布の製造工程を見学

おいしいじゃないか！　もっとキワモノ的な感じかと思っていたのだけれど、ちゃんとおいしい。昆布のうま味はしっかり感じるものの、ソフトクリームのミルキーさと濃厚さは損なわず、絶妙なバランスなのだ。好き嫌いは分かれるのだろうか？　わたしはけっこう好きだ。

昆布ソフトクリームを食べながら、「昆布ファクトリー」でおぼろ昆布の製造工程をガラス越しに見学。ほんとうに、何から何まで昆布づくし。この充実した施設が無料で楽しめるなんて、昆布館って素晴らしい！　と思いながら運営会社を調べてみたところ、なんと福井県敦賀《つるが》市の昆布製造販売業者である、ヤマトタカハシ株式会社だった。北海道の企業ではなく、昆布の加工が盛んな福井の会社がこの北海道昆布館を作ったのである。ちなみに、敦賀昆布館もある。

こういうところにまで、北前船による影響が脈々と続いているのだなぁ……と改めて感じたのであった。

昆布館のサイトを見たところ、敦賀昆布館も北海道昆布館も、施設の内容自体は似ている模様。昆布ソフトクリームも両方で食べられるので、近くに行く機会があったら、ぜひ立ち寄ってみてほしい。きっとさまざまな驚きや発見があると思う。

【北海道昆布館】
北海道亀田郡七飯町字峠下32－1／電話0138－66－2000／休館日　年中無休
（年末年始、及び点検日を除く）

新千歳《ちとせ》空港は昆布天国

札幌の実家に帰るときは、いつも飛行機で帰る。愛犬を連れて帰ることも多く、「年老いたチワワを飛行機に乗せるのは負担が大きいだろう」と、一度だけ北斗星で帰ったことがあるのだが、いやぁ辛かった……。二段ベッドのB寝台（しか取れなかった）、中学時代の修学旅行で乗ったときとまったく変わっていない、懐かしのレトロ空間だった。16時間かけて上野から札幌に到着したときは、「これからは迷わず飛行機で帰ろう」と、飛行機の速さと快適さとありがたみを痛感したのであった。もっとも、そんな北斗星もなくなってしまい、ちょっとさみしいなぁと思ったりもするのだけれど。

ちなみに、JRの場合、犬（10キロ以内）は全国どこまで行っても片道280円。飛行機だと、東京↓札幌間で片道6000円（JAL）。JRって良心的だなぁ……。

前置きが長くなったが、そんなこんなで飛行機はヘビーユーザーにつき、新千歳空港には数えきれないほど行っている。新製品が次々と登場し、多数のメーカーがしのぎを削る北海道土産、ラーメンやジンギスカン、海鮮丼など、北海道名物が大集合した、充実の飲食店。訪れるたびに全部見て回れないくらいショップが多く、まるでショッピングモールのようなのだが、わたしはこれが普通の空港だと思っていた。他の空港に行ったときは、あまりの小ささとお土産のバラエティの少なさに驚いたものだ。というよりも、新千歳空港が普通じゃなかったのだ（笑）。

だしのことを調べ始めてから、新千歳空港で昆布を気にして探すようになったところ、あまりの多さにちょっと驚いた。スイーツ専門店などをのぞくほとんどの土産物店で、必ずといっていいほど昆布が置いてある。何度も来ている空港なのに、今までまったく目に入っていなかった。自分がいかに昆布に興味がなかったかということだろう。

真昆布、羅臼、利尻、日高の主要昆布はもちろんのこと、毎日気兼ねなく使える切れ端のお徳用昆布や、昆布粉、とろろ昆布などなど、たくさんの昆布が並んでいる。1本1万円以上する天然・一等品の昆布など、そのへんのデパートよりもはるかに充実のラインナップ。

新千歳空港にはたくさんの昆布が置いてある。
デパートも驚く充実のラインナップ

中でも目を引いたのは、「ぎょれん」で売ってる「北海道『一品昆布』」シリーズで、「カレー用昆布」「炒めもの用昆布」「お茶漬け用昆布」「ごはん用昆布」など、用途別に12種類の昆布がずらりと並ぶ。何が違うんだろうと思ったら、用途によって使っている昆布の種類と、カットの大きさが違うのだ。たとえば、カレー用はなが昆布、お茶漬け用は真昆布、ごはん用は日高昆布といった具合に、昆布の特徴を考慮し、それぞれの用途に最適な種類をセレクトするという芸の細かさが素晴らしい。

「ぎょれん」公式サイトによると、「昆布の使い方がわからない」「少量で買いやすい価格帯の昆布がほしい」といったお客さんの声が多かったそうで、それらの意見を反映して同シリーズを開発したとのこと。初心者でも簡単に調理ができるように、詳しい調理方法がパッケージに書かれているのも親切だ。

わたしはカレー用を購入したのだけれど、この商品を見て、「カレーに昆布を入れてもいいんだ!」という気づきを得ることが出来たし、「昆布を普及させようと、企業側もいろいろと努力しているのだなぁ……」と思った次第。意外性もあるうえに、軽くてかさばらず、お土産にもとてもいい商品だと思う。

ほかにおもしろかったのは、「海処　まつば」で売っている「メッセー字昆布」。まったくもって商品名通りの昆布で、クシャッと小さな乾燥昆布を水でもどすと、「ありがとう」「ごめんね」などのメッセージになる、というもの。よくこんなものを考えたなぁ……。おもしろいので、「お疲れさま」昆布を購入。さっそくわが家の終電ごはんの

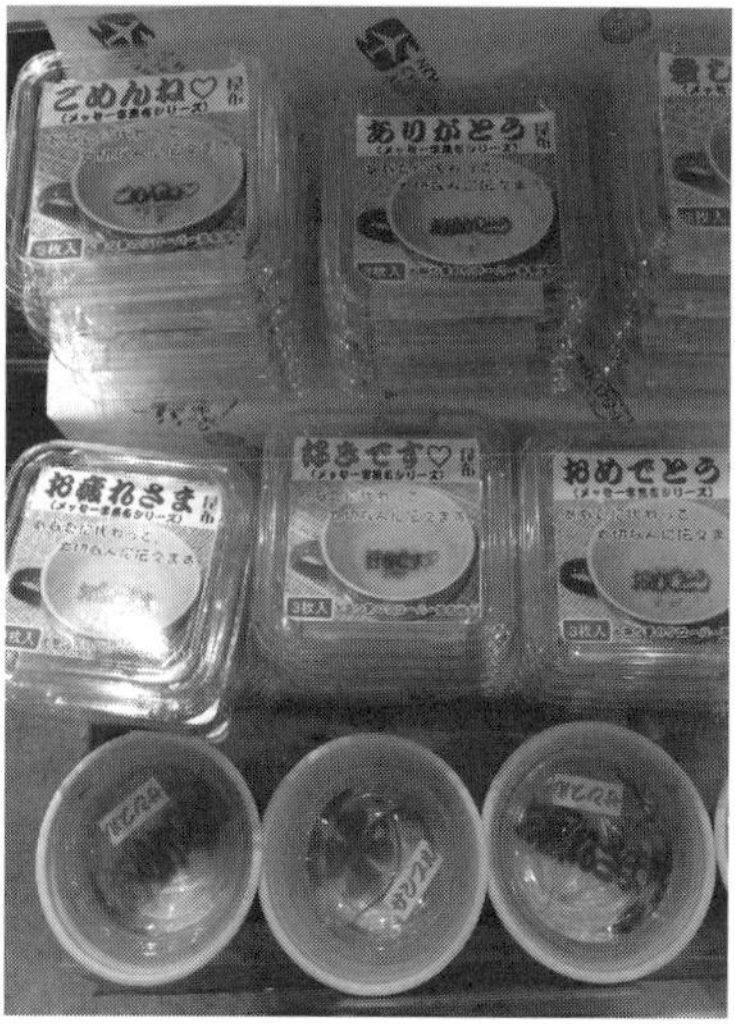

夫婦のコミュニケーションツールにもなる
「メッセー字昆布」

スープに浮かべてみたところ、深夜に疲れてヨレヨレで帰って来た夫が「うわ！　なにこれ！」と大ウケしていたので、コミュニケーションツールにもおすすめです（笑）。

今までまったく気づかなかったけれど、こうやって注目してよく見てみると、人気の海鮮類やスイーツ類の陰に隠れながらも、おもしろい昆布がいっぱい。店頭でとろろ昆布作りの実演をしているところもあった。だしに興味を持ち始めた人にとって、新千歳空港は昆布天国。時間に余裕を持って、ぜひいろいろなお店をのぞいてみると楽しいと思う。

素人に昆布の違いがわかるのか？

これまで顆粒だしとだしパックしか使っていなかったわたしは、昆布自体を買うことがほとんどなかった。買うのはおもに冬。鍋用の昆布として、一番安い日高昆布を買うくらい。シーズンで2袋程度しか買っていなかったと思う。

だしのことを調べ始めてから、スーパーの昆布売場とかつお節売り場をよく観察するようになり、どちらもさまざまな種類があることに気づいた。一般的に出回っている昆布は、利尻、羅臼、日高、真昆布の4種類だが、どこのスーパーにも必ず並んでいるのは日高昆布。4種類とも置いてあるのは、成城石井などの高級スーパーだけだった。普通のスーパーには、4種類置いても需要がない、ということなのだろう。「料理によって昆布を使い分ける」という人がいたら、かなりの料理上級者だと思う。

それにしても、昆布の種類だけではなく、天然物と養殖物があったり、メーカーによってもかなり値段の差があり、何を選んでいいのかさっぱりわからない。とあるスーパーに並んでいた昆布のパッケージを見比べてみても、

日高昆布　「柔らかさが定評。みそや醬油など、調味料に合うだしがとれます」
利尻昆布　「400年の味文化、大阪味職人が選んだ昆布」
羅臼昆布　「昆布の王様」
真昆布　「最高級だし。昆布の王様といわれる北海道道南産の真昆布です。だし汁は、味が濃く、しっかりとした味と色が特徴です」

といった具合で、王様は2人いるし、「400年の味文化」が選んだのは利尻だし、「みそや醬油に合うのは、どの昆布も当たり前なのではないだろうか」など、頭の中は混乱するばかり。他のお店で見かけた利尻昆布のパッケージにも「昆布の王様」と書いてあり、つまり、**日高以外は全員王様と名乗っているのだ。**そもそも、わたしのような素人に昆布の味の違いなんてわかるのだろうか。王様はそんなにすごいのか。ちなみに、日本昆布協会のサイト「こんぶネット」では、昆布の種類を以下のように説明している。

真昆布

主な産地……函館沿岸

特徴……山だし昆布とも呼ばれる。厚みがあり幅が広い。昆布の高級品。上品な甘味をもち、清澄《せいちょう》なだしがとれる

主な用途……だし昆布として利用、佃煮、塩昆布など

羅臼昆布

主な産地……羅臼沿岸

特徴……茶褐色で羅臼オニコンブの別称があり、香りがよくやわらかく黄色味を帯びた濃厚でこくのある高級だしがとれる

主な用途……だし昆布として利用、おやつ昆布、佃煮など

利尻昆布

主な産地……利尻・礼文《れぶん》・稚内《わっかない》沿岸

特徴……真昆布に比べてやや固め。透明で風味の良い高級だしがとれ、会席

昆布の違い、素人にもわかるのかな？

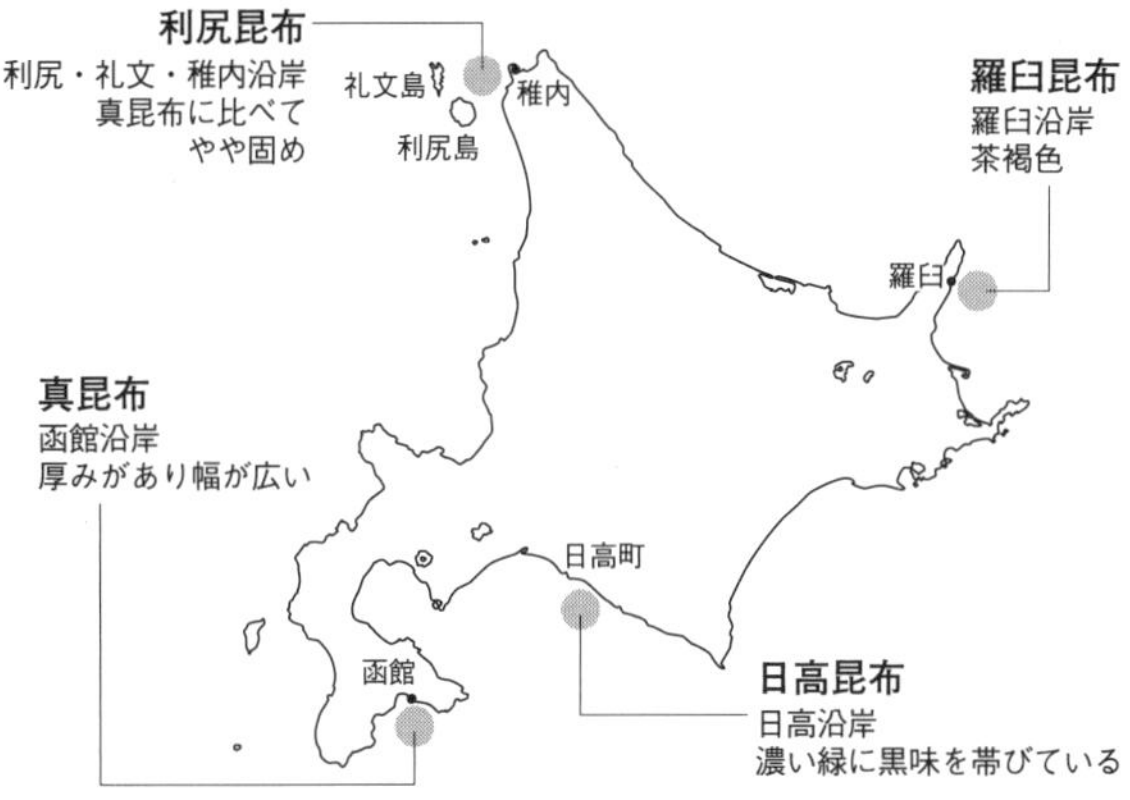

料理などに使われる
主な用途……だし昆布として利用、塩昆布、湯豆腐など

日高昆布
主な産地……日高沿岸
特徴……三石《みついし》昆布とも呼ばれる。濃い緑に黒味を帯びている。柔らかく煮えやすい。だしにも使われる
主な用途……佃煮昆布、昆布巻、おでん用、だし昆布など

日高以外の3種は「高級」という表記がある。そして、日高の「だしにも使われる」という説明が若干気になる。「にも」とはどういうことだ。よし、こうなったら全種類買って比べてみようではないか。4種類同時に味見をしてみたら、昆布ビギナーのわたしでも違いがわかるかもしれない。

出来るだけ条件を揃えようと、すべて天然物を購入。値段とメーカーは以下の通り。

日高昆布（都平昆布海藻）150g　1050円
利尻昆布（都平昆布海藻）130g　1490円
羅臼昆布（佐藤海草）100g　2190円
真昆布（三徳）100g　590円

真昆布以外は成城石井で購入。この日同店で天然の真昆布が見あたらなかったため、これのみ関東を中心に展開しているスーパー三徳で購入した。「昆布の王様」なのに安いのは、プライベートブラ

わが家で北海道昆布4種類の利きだし実験。その驚くべき結果は……

ンド商品だからであろう。あとからわかったことだが、昆布は「天然か養殖か」ということ以外に、とった浜や時期、等級などでも値段が大きく変わる。ここまでくると、素人にはさっぱりわからない。

だしのとり方は、10グラムの昆布を1リットルの水に一晩漬ける水出し方式にした。そして、そのまま「ストレート」、同量のかつおだしを加えた「合わせだし」、少量の薄口醤油で味付けした「おすまし」、「みそ汁」の、4つの方法で飲み比べてみた。休日だったので、家にいた夫にも参加してもらった。以下が、利きだし実験の結果である。おいしいと感じた順番に順位をつけてみた。

ストレート……1位真昆布、2位羅臼、3位利尻、4位日高

もっとも香りがいいと感じたのは利尻。味は、羅臼と真昆布が同じくらい濃厚。利尻は明らかに澄んでいる。日高は味が薄い。

合わせだし……1位真昆布、2位羅臼、3位利尻、4位日高

真昆布は後味に少し甘みを感じる。羅臼はうま味がより強くなった感じ。利尻はスッキリと上品。日高は昆布の味がわからず、かつおだししか感じない。

おすまし……1位真昆布、2位羅臼、3位利尻、4位日高

真昆布はとろみが一番強い。羅臼も若干のぬめりを感じる。利尻はキレがあり、とろみやぬめりはナシ。日高はだしの味がわからない。醬油入りのお湯を飲んでいるよう。

みそ汁……1位真昆布、2位羅臼、3位利尻、4位日高

真昆布はだしの味がしっかりしているので、みそに負けない。羅臼も香り豊か。利尻は上位2つに比べるとやはりスッキリ上品な感じ。日高はだしの味がわからない。

わが家ではこのような実験結果となった。これは好みの問題が大きいので、我々夫婦は「しっかり濃いだし」が好きということなのだろう。毎日同じものを食べているので、味の好みが似てくるのだと思っている。

利尻が「透明で風味の良いだしがとれる」というのはよくわかった。にごりがなく、見た目がきれい。羅臼は「だし汁がにごる」のが特徴のひとつともいわれており、たしかに4種類比べると若干にごっているものの、日常使いには何の支障もない程度。日高は申し訳ないくらい、飲み比べてみると味がほとんどしない。

一度に4種類の昆布だしを飲み比べるという機会は、そうそうないだけに、今回の実験はとても有意義だった。昆布を選ぶ基準が明確に出来たのと、昆布のおいしさがはっきりとわかったからだ。このうま味とおいしさがわかると、料理に使ってみようという気になってくる。「**水に漬けておくだけでちゃんとだしが出る**」という事実がわかり、「だしって難しくないんだ」と思えたのも収穫だった。

究極の昆布だしのとり方とは?

一般的な昆布だしのとり方といえば、水の状態から昆布を入れ、火にかけて沸騰直前に取り出すという方法が知られている。以前、何かのテレビ番組で「**究極の昆布だしの**

とり方は、1リットルの水に15グラムの昆布を入れ、60℃の温度をキープして1時間」と紹介していた。そのときは「い、1時間……!?」と驚きつつも、「そんな面倒なことやってられるか」と、試してみようとも思わなかった。それどころか、「こういうことを紹介するから、だしは難しいと思われて、だしをとることへのハードルがますます高くなるのでは」と思ったくらいだ。

だし生活を始めてからというもの、スーパーやデパートでも、「ここはどんな昆布を置いているのかな」と、昆布コーナーを見るのが習慣になった。全国のショッピングモールやデパートなどに店舗を構え、製菓材料や調味料、話題のスーパーフードなど、豊富な品ぞろえで主婦に人気の食材店「富澤商店」をのぞいたときに、あの「究極の昆布だしのとり方」を昆布コーナーで紹介していて、「富澤商店までこのやり方を紹介するとは」と、逆に興味を持つように。調理用の温度計すら持っていなかったのだけれど、わざわざ購入して実験してみることにした。

究極の昆布だしとやらがどんなにすごいものなのか、自分の舌で感じてみようではないか。

ル・クルーゼの琺瑯《ほうろう》鍋「ココット・ロンド」に、水を1リットル。そこに、きっちり15グラムに計った真昆布を入れ、火にかける。温度計が60℃をさしたところで、弱火にしてキープ。こう書くと簡単に見えるかもしれないが、この「60℃をキープ」がめちゃくちゃ難しい。ちょっと目を離したすきに62℃になっていたり、逆に58℃に下がってしまったり。「あっ！　上がった！」「しまった！　下がった！」などと慌てふためきながら、なんとか1時間、鍋の前に張りついていた。このように、62℃や58℃になったりもしたので、正確には60℃をキープ出来ていない。まあ、「60℃くらいをキープ」したということで……。

1時間温度計を鍋にさして持ち続けていたので、右腕が痛い。真昆布でとっただしは、今や毎日のように料理に使っているので、いつもの味はすっかり舌が覚えている。さて、究極の昆布だしをおたまで小皿にすくい入れ、ひと口飲んでみる。

むむ。こ、これは……。

うまい。たしかにうまい。同じ昆布とは思えないほど、うま味が濃い感じがする。特定非営利活動法人うま味インフォメーションセンターの公式サイトによると、このだしのとり方だと、「**うま味成分であるグルタミン酸が3割多く抽出できる**ということが近年の研究で判明しています」とある。なるほど、うま味が濃いと感じたのは、やはり間違いではなかったのだ。

「究極の昆布だし」は、やはりおいしかった。でも、1時間鍋の前に張りついていることを考えると、とても手軽に出来るものではない。そして、水に昆布を漬けておくだけでも、十分おいしいだしがとれるので、日常使いにはやはり水出し法や、沸騰直前に引き出すという一般的なやり方で十分ということがわかった。**多数の昆布専門店や日本昆布協会などでも、水出し法を勧めているところは多い。**

このように、気になることはすぐに調べたり実験したりすることによって、どんどん自分の中で「だしとともに暮らす」ということが身についてきたように思う。

というわけで、家庭料理では、1時間かけて昆布だしをとらなくても十分です（笑）。

昆布は刻んだほうがだしがよく出るのか？

昆布だしは、水に漬けておくだけというやり方が、手軽で気に入っている。この方法も、調べるといろいろなやり方があり、「細かく刻んだほうがよくだしが出る」という説もあるのだが、硬い昆布をハサミで細かく刻むのは正直大変。水に少し漬けて、柔らかくなったところを刻んでもよいのだけれど、元来面倒くさがりのわたしは、それもやはり面倒。というわけで、「ここに聞けばわかるだろうか」と思い立ち、日本昆布協会に電話して聞いてみた。

「すみません、少々お聞きしたいのですが。昆布は、刻んだほうがだしがよく出るのでしょうか」

「わたくしどもで実験したことはありませんが、一般的には刻んだほうがよく出るといわれています。ただ、昆布のうま味は断面から出るわけではなく、表面から出ます。ぜひ検証してみてください」

よし……！　わからなければやってみよう。そして、両者に劇的な違いがなければ、刻まないに越したことはない！

10グラムの羅臼昆布を、そのままの状態で1リットルの水に漬けたものと、出来るだけ細かく刻んで同量の水に漬けたものと、2パターン用意。漬け込み時間は丸2日。これも、関西の昆布屋さんが書いた昆布だしの本には、「数時間〜1日でいいだしが出る」と書かれているのだけれど、わたしの感覚では、数時間では全然出ない。これはどうも関西と関東の水の差にあるようで、京都発のイタリ

昆布は刻んだほうがいいのか？　わからないので早速実験！

アン「イル・ギオットーネ」の笹島保弘シェフも、**「東京の水だと、だしが出るまで京都よりはるかに時間がかかります。2日くらいおいてもいいくらいです」**と言っていた。

丸2日おいて、それぞれの昆布だしを飲み比べてみたところ、特に違いがわからない。おそらく、化学的に分析すると、うま味の出方に微妙な差があるのかもしれない。でも、ここで大事なのは自分の舌。ためしに夫にも両方飲み比べてみてもらったけれど、「うん。同じ」という回答だった。刻んだほうが明らかにおいしければ、「たまにはがんばって刻むか」ともなるのだけれど、そこまでの違いは正直なかった。

あぁスッキリ。なんでも実験してみるものだ。これで、昆布を切り刻む面倒な作業は、堂々とはぶくことにしよう。何といっても、**日々のだし生活に必要なのは、「ラクに続けられること」が一番だと思うので。**

コーヒー感覚でだしが飲める、「日本橋だし場」

仕事や用事で日本橋《にほんばし》に行くと、必ず立ち寄る場所がある。にんべんの日本橋本店に併設している、「日本橋だし場」だ。ここが素晴らしいのは、**コンビニでホットコーヒーを買うような感覚で、カップ入りの本格だしが飲めるというところ。**店の前を通るだけでだしの香りが漂い、「なんていい香りなんだろう」と、心の底からホッとする。

「かつお節だし」と「かつお節・昆布合わせだし」の2種類があり、どちらもレギュラーサイズが1杯たったの100円。同店のロゴには「NIHONBASHI DASHI BAR」と書かれているのだが、立ち飲みスタンドのような小さなテーブルがある。その場でさっと飲んでいけるという手軽さも受け、2010年のオープン以来、累計85万杯を販売したという盛況ぶりなのだ(2018年3月7日現在)。客層は、平日は近隣のビジネスマンやOL、休日は日本橋を訪れる観光客が大多数で、若い人たちの姿も目立つ。

〝にんべんの黄金比率〟である、3%(水1000mlにかつお節30g)のかつお節だしは、しっかりと濃く、ぜいたくな味わいで、かつおだしのおいしさがよくわかるはずだ。他にも目を引く商品があり、驚いたのが「トマト仕立て」と「クリーム仕立て」というメニュー。日本橋に行くたびに立ち寄り、全種類制覇したのだが、この2つも驚きのおいしさなのだ。まず、かつお節とトマト、クリームを合わせるという発想が皆無だったので、その組み合わせ自体にびっくり。そして、トマトもクリームも、かつお節との相性が抜群ということを、このとき初めて知ったのであった。「**かつお節＝和食だけじゃない**」ということに、自分の舌と脳で決定的に気づいた瞬間だった。

にんべん広報の方に、トマト仕立てとクリーム仕立てがいかに衝撃のおいしさだったかを力説したところ、なんと家庭での再現方法を教えてくださった。とてもおいしいので、ぜひ、3％の「黄金比率だし」で作ってみてほしい。

トマト仕立て……3％のかつおだし（本枯れかつお節）＋完熟トマト（またはトマトペースト）

クリーム仕立て……3%のかつおだし（本枯れかつお節）＋ホワイトソース（缶詰でも可）。仕上げに生クリームを少々加えるとより美味。

どちらも、「無添加の白だしを加えると、色に影響がなく、コクを出すのにおすすめ」とのこと。トマトとホワイトソースの分量は、味見をしながら、自分好みのブレンドをみつけてみてほしい。

気軽に本物のだしに触れられるこんな店が近くにあって、日本橋で働く人たちがとてもうらやましいと思った。あたたかい本格だしは、残業のおともにも最適だ。丸の内の丸ビルと海老名《えびな》サービスエリアにも出来たので、機会があればぜひ、本物のだしのおいしさを体験しに行ってみてほしい。自分でとるだしとの違いも、はっきりとわかると思う。

【日本橋だし場】
東京都中央区日本橋室町2－2－1　コレド室町1　1階／電話03－3241－09

68／定休日　無休（コレド室町に準ずる）

かつお節をネルでこす料理人

以前見に行った日仏合作ドキュメンタリー映画「千年の一滴　だし　しょうゆ」の上映後、柴田昌平《しばたしょうへい》監督と、築地のかつお節問屋「いし田」代表・石田勝巳《いしだかつみ》さんのトークショーで、興味深い発言があった。和食の料理人の間では、だしを濾す際にネルの生地を使う人が増えているというのだ。「なるべく目の細かい生地で濾したほうが、澄んだきれいなだしがひけるから」というのがその理由とのこと。

ネルって、あのネルシャツのネル？　チェックのネル生地（というかシャツ）しか見たことないぞ。そして、そんな澄んだきれいなだしがとれるの……？　気になったら試してみないと気が済まないわたしは、さっそく料理道具の問屋街・合羽橋に飛んだ。いや、飛んでない。電車で駆けつけた。だいたい、ネルの生地なんて、そこらへんの料理道具店にはまず売っていない。あ、今気づいたけれど、「オカダヤ」などの生地専門店に行けば売っているか。というか、Ａｍａｚｏｎで検索したら売っていた。当時のわたしの頭の中は、「料理に使うネル生地」ということで頭がいっぱいで、「料理道具といえば、困ったときの合羽橋！」としか連想できなかった。今冷静に考えれば、オカダヤもＡｍａｚｏｎも思い浮かぶのだけれど。

　というわけで、無事合羽橋で白いネル生地を入手したわたしは、さっそくかつおだしをとって濾し、キッチンペーパーで濾したときとの違いを比べてみた。

　結果は……。正直わからん（笑）。白いスープ皿にだしを入れてみると、ネル

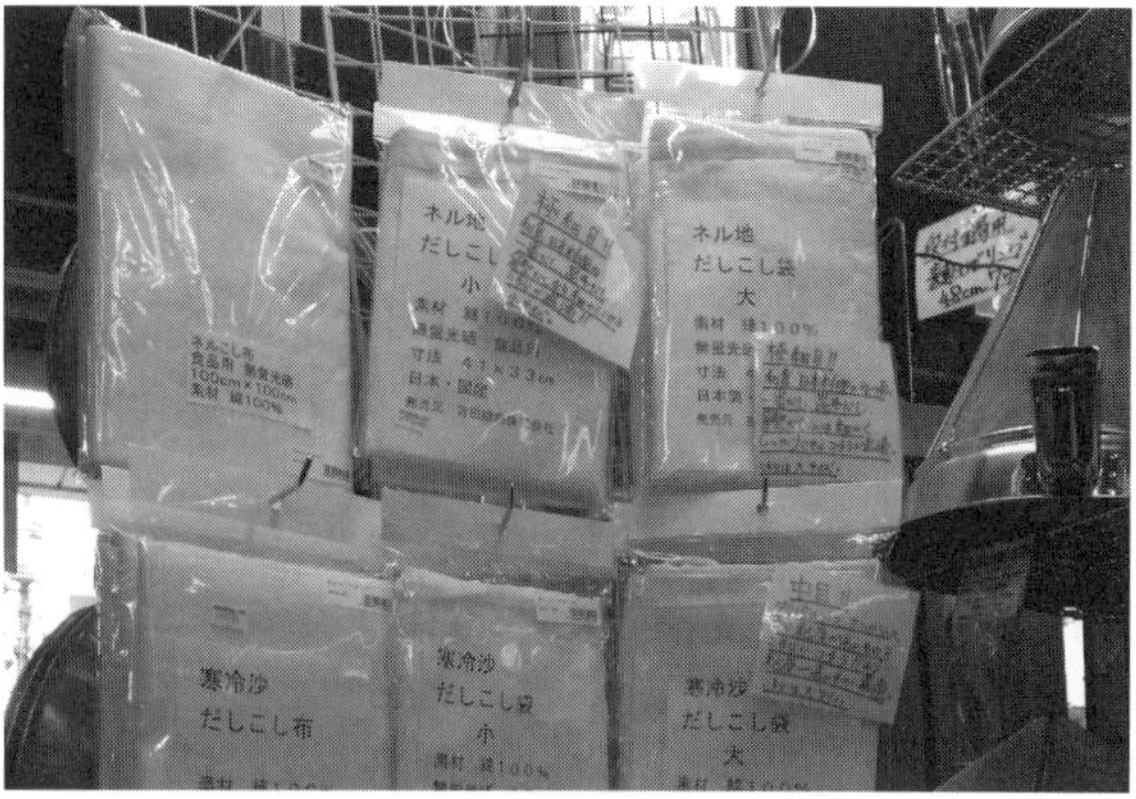

合羽橋ではだしをこすためのネルも売っている

で濾したたそのほうが、若干色が薄い。余計なカスのようなものまでしっかり濾すことが出来ているからか、これは見た目ではっきりとわかる。

肝心の味の違いは、正直わたしの舌ではそこまでわからなかった。見た目も、家で作る料理に関していうと、少しくらいだしが濁っていても何の問題もない。というか、そこまで気になるほど凝視したことがないというか。

ネルで濾して、より澄んだだしをとったり、前のページで書いたように、60℃の温度をキープして1時間かけてだしをとるなど、手をかけてだしをとる方法はいろいろあるけれど、つまり、こういうことはプロがやるワザ、ということだ。お客さんからお金をいただいて料理を作る、プロの料理人だからこそのあくなきこだわりや探究心。

劇的な違いや感動があれば「たまにはやってみようかな」とも思うのだけれど、だしが多少にごってようが、わたしにとっては無問題。これからもかつお節だしは、今まで通りキッチンペーパーで濾そうと思う。さらしを洗って干すのすら面倒なわたしには、キッチンペーパーが一番合っている。

いろんな実験をしているうちに、**日頃からだしをとるには、「ストレスのない道具を使うこと」「毎日ラクに出来ること」の2点がますます大きいと思うようになってきた。**ネルでかつお節を濾したり、「昆布だしを60℃で1時間かけてとる」実験は、そういう意味でも意義深かったように思う。

うちのめんつゆはなぜ薄いのか？

麺類の好きなわが家は、家でもそばやうどんをよく食べる。夫は市販のめんつゆが甘すぎるようで、あまり好きではない。このため、そばやうどんのつゆはいつも自分で作るのだが、どうも味が薄いなぁ……と、常々感じていた。だし生活を始める前は、おもに顆粒だしを使っていたのだけれど、顆粒だしを使おうが、かつお節でだしをとって作ろうが、いずれにせよ薄い。「醤油の量を増やせば解決する」というものでもなく、「なんでだろう」といつも思っていた。

「千年の一滴　だし　しょうゆ」という映画の上映後の柴田昌平監督と築地のかつお節問屋「いし田」代表・石田勝巳さんのトークショーで、その謎が解けた。石田さんが、さまざまなかつお節の味の違いを説明してくれたのだが、「多くのおそば屋さんで使われているのが、宗田《そうだ》節などの厚削りです。風味豊かでしっかりとした、コクのあるだしがとれます」といった趣旨のことをおっしゃっていて、初めて「宗田節」なるものを知ったのだ。そうか、うちのめんつゆが薄い原因はこれだ！　かつお節だけじゃダメなんだ……!!

宗田節とは、宗田鰹から作られた節のこと。かつお節に比べて血合いが多いため、味、香りともに濃厚なだしが出るという。調べていくうちに、宗田節以外にも、まぐろ節やさば節など、さまざまな節があることを知った。そういえば、新千歳空港の土産物店で、鮭節なるものも売っていたっけ……。世の中はほんとうに、知らないことだらけだ。

謎が解けたら、さっそく実験。

さっそくスーパーへ行き、宗田節の厚削りを探す。70グラム248円。思ったほど高くない。見た目はひらひら薄いかつお節とはまったく異なり、かなりぶ厚い。鍋に水1リットルと宗田節30グラムを入れ、火にかける。沸騰したら、**強火のまま15分ほどグツグツ**。かつお節でだしをとるときは煮立たせないけれど、**厚削りでめんつゆを作る場合、強火で煮立てることで味に力強さが出るのだとか**。煮込んでいる間、立ち上るだしの香りが完全にそば屋！　かつお節でだしをとるときとは明らかに違う濃厚な香りで、ちょっと感動するレベル。

このだし汁に醬油とみりん、砂糖を加えて調味すれば、自家製めんつゆの完成。本来は醬油とみりん、砂糖を煮詰めて「かえし」を作り、だし汁と合わせて作るところだけれど、そこは省略。もりそばに使う場合は醬油を多めに加え、味見してみて「ちょっと濃いかな？」と思うくらいが、流水ですすいだそばをつけて食べるにはちょうどいい模様。

さっそく実食。まずはあたたかいかけそばから。二八そばをゆでて水切りし、熱々のそばつゆをかける。たっぷりの刻みねぎを加え、七味唐辛子をふっていただきます。……こ、これは本格的。かつおだしで作ったいつものそばつゆと全然違う。宗田節の風味豊かで濃厚なだしがものすごくおいしい。

翌日、冷たいざるそばも試してみた。濃いめに作っためんつゆで、氷水で締めたとろろ入りそばをつるつると。いやぁ、こっちもうまい。あまりのクオリティの高さに、夫も「すっげぇうまい！　え、これ自分で作ったの？」と驚いている。ぐふ。ちょっと鼻が高い。

市販のめんつゆとは比べ物にならないおいしさで、ちょっとびっくりするほど。簡単に作れるので、これはやってみる価値が大ありだと思う。

残っためんつゆは、いろんな料理に使えるのもいいところ。繰り返し作っているお気に入りメニュー「豚バラ肉と豆腐の煮込み」は、具材をめんつゆでさっと煮込んで、水溶き片栗粉でとろみをつけるだけ。豚肉のうま味も加わり、だしがしっかりきいていて、とてもおいしい。肉じゃがを作っても抜群においしいと思う。

ためしに、かつお節やさば節の厚削りでも同様の作り方でめんつゆを作ってみたが、やはり宗田節のほうがパンチのきいたしっかり味で、こちらのほうが好みだった。自家製めんつゆ、簡単なうえに満足度がとても高いので、ぜひぜひお試しを。

【ざっくりレシピ】

自家製めんつゆ

水1リットルに宗田節30グラムを入れて火にかけ、15分ほどグツグツ煮立たせる。ザルで濾し、味をみながら醤油、みりん、砂糖をお好みで入れてできあがり。

豚バラと豆腐の煮込み

ひと口大に切った木綿豆腐と豚バラ、だしをとったあとの昆布を刻み、自家製麵つゆで煮込む。仕上げに水溶き片栗粉でとろみをつけてできあがり。舞茸やしめじなどを入れてもおいしい。

昆布やかつお節のだしがらはどうするべきか？

よくいわれるだしがら問題。だしをとったあとの昆布やかつお節には、栄養がまだま

だたっぷり残っているので、捨ててしまうなんてもったいない！　かつお節のだしがらは、ふりかけに使う方法がよく知られているけれど、わが家は毎食白米を食べる習慣がなく、弁当生活でもないため、ふりかけを作ったとしても消費しきれないのは目に見えている。わたしがよくやるのは、そのままマヨネーズに加えてアボカドやササミとあえたり、サッと炒ってサラダにまぶしたり。また、わが家では愛犬に手作り食を与えているため、ごはんの上にトッピングしてあげたりすることもある。犬猫用のかつお節ふりかけという、ドッグフードやキャットフードにトッピングする市販の商品もあるくらいなので、本物のかつお節をごはんにかけてあげると、それはそれは喜んで食べる。

昆布の場合は、刻んでカレーうどんに入れたり、炒めものに使うことが多い。ちなみに、本書の担当編集H氏は、みそ汁のだしをとったあとの昆布は、その場でむしゃむしゃと全部食べるという。実に男らしいではないか。

沖縄に、刻んだ昆布と豚バラ、にんじん、油揚げなどを一緒に炒めた「クーブーイリチー」という郷土料理があるが、わたしの炒めものは、刻んだ昆布と豚バラのみ、ということが多い。塩胡椒《こしょう》や醤油だけでも、昆布と豚肉のうま味で十分おいしい。炊き込みごはんに入れて炊くと、うま味たっぷりのおいしいごはんの完成。また、刻んだ昆布をサラダに入れることも多いのだけれど、歯ごたえのある昆布のおかげで、よーく噛んで食べるようになった。というか、よく噛まないと飲みこめないので、必然的に噛む回数が増える。

頻繁《ひんぱん》にだしをとるようになると、昆布もかつお節もたくさんのだしがらが出る。たまると冷凍するようにしているのだけれど、「何が何でも全部食べ切らなきゃ!」と思うとだんだんプレッシャーを感じるようになってくるし、厚くて硬い昆布の場合は、食用に向かないものもある。「もったいないも、ほどほどに」の精神でいるのがいいのかな、と思っている。

【ざっくりレシピ】

アボカドとササミのかつお節マヨ和え

ひと口大に切ったアボカドと、酒をふってレンジでチンした蒸しササミを、冷ましてから手で裂き、軽く塩胡椒する。だしをとった後のかつお節をマヨネーズと混ぜ、アボカドとササミを和えてできあがり。

昆布と豚バラの炒めもの

だしをとったあとの昆布をキッチンバサミで細く切っておく。豚バラをカリッとするまで炒め、昆布を加えて塩胡椒してできあがり。カレー粉で味つけしてもおいしい。

「終電ごはん」がさらに簡単になった！

2012年刊行の『終電ごはん』（幻冬舎）という、料理家・高谷亜由《たかやあゆ》さんとの共著がある。これは、毎晩毎晩終電もしくはタクシーで帰宅する、ハードワーカーの夫のために作っていた、わが家の「終電ごはん」がもとになっている、〝実話ベースの料理本〟というちょっと変わったコンセプトの本。

タイトルがわかりやすかったのか、「終電で疲れてヨレヨレで帰っても、これならなんとか作れるかも」という、まな板いらずの簡単レシピがウケたのか、おかげさまで12刷というヒット作となった。お笑いコンビ「オードリー」若林正恭《わかばやしまさやす》と、酒井若菜《さかいわかな》主演でドラマ化もされるなど、自著の中でもっとも話題になったコンテンツといえるだろう。

終電で帰ったときでも作る気になり、「メシ食ってないんだけど、なんかある？」と帰宅した夫にもささっと作ってあげられるごはんなので、**基本的にシンプルで簡単なのだけれど、だし生活を始めてからは、さらに簡単になったことを、毎晩のように実感している。**だしのうま味がしっかりきいているので、味つけで迷うことがまずないのだ。

とりわけよく作るのは、こんな料理だ。

◎昆布だしのかきたまスープ

【作り方】鍋であたためた昆布だしに、薄口醤油を加え、溶いた卵を流し入れる。

味つけは薄口醤油のみ。インスタントスープなみに簡単なのに、だしの香りにホッとする、深夜にぴったりの最強スープ。冷蔵庫に水だしの昆布だしと卵を常備しているので、いつでも作れる汁物のひとつ。

◎鍋焼きうどん

【作り方】土鍋で昆布だしをあたため、冷凍うどんを投入。うどんがほぐれたらみそを溶き入れ、豚こま肉、卵、長ねぎを入れて煮こむ。

松山あげを入れるとコクが出てさらにおいしいのでおすすめ。

◎鶏もも肉とかぶの昆布だしスープ

【作り方】鶏もも肉とかぶは一口大に切る。あたためた昆布だしに鶏肉とかぶを入れて煮込む。塩少々で味を調《ととの》える。

昆布だしに、鶏もも肉のうま味もプラス。最後まで飲み切れるおいしさ。

◎合わせだしのきのこスープ

【作り方】かつおと昆布の合わせだしをあたため、きのこを入れてさっと煮る。塩で味を調える。

かつおと昆布のうま味に、きのこのうま味が加わった、うま味の相乗効果がよくわかる簡単スープ。きのこは複数入れたほうがおいしいので、市販の「きのこＭＩＸ」を使うと便利。


『終電ごはん』の一章が「スープさえあれば」というタイトルで、さまざまなスープを紹介しているのだけれど、まさに、「**スープさえあれば何とかなる**」という考え方は、同書の刊行から3年経った今も、まったくブレていない。疲れて帰って来ても、あたたかい汁物があれば心も体もホッとする。あとは、冷凍しておいたごはんをチンした納豆ごはんがあれば十分。余力があり、かつ野菜が食べたければ、ベビーリーフ＋ミニトマトの「切らずに済む野菜たち」でサラダを作ってもよし。面倒だったら、コンビニのサラダでも十分。炭水化物を控えたければ、冷ややっこでもそえればいい。

といった具合に、「冷凍庫にごはん、冷蔵庫に納豆があるから、とにかくスープだけ用意しとけば何とかなる」と思っている妻の立場からすると、本物のだしがあるとほんとうにラクということがよくよくわかった。なんせ、醬油か塩だけで味が決まるのだ。だしにうま味食材を合わせてさっと煮るだけ。きのこなら手でほぐしたり裂くだけで使えるうえに、すぐ火が通る。

だし生活を始める前は、顆粒の和風だしやコンソメ、鶏ガラスープの素などを使って作っていたけれど、今振り返ると、本物のだしで作るスープとの一番の違いは、圧倒的に「香り」だろうなと思う。**疲労困憊《こんぱい》状態で口にする真夜中のスープだけに、だしがふわりと香ると、リラックス効果が半端じゃない。**夫は飽きもせずに毎回毎回「あぁホッとする」「しみる」「救われる」といいながら、スープを飲んでいる。

そもそも、「救われる」って、そこまで忙しすぎる職場は何とかならないものかと思い続けて早10年。自分ひとりの力では簡単に何とかなるものではないからこそ、わたしは終電ごはんを作り続けるのだ。夫の職業は編集者。いつの時代も、編集者は忙しい。

やはり多忙な、とあるママさん編集者も言っていた。「だしがないと、わたしの料理は成り立たない」「だしがなかったら、どうしていいかわからない」と。「**だしがあるからこそ、手が抜ける**」と言っていたのだけれど、だし生活を始める前は、その意味がわからなかった。「だしなんて面倒なのに」と思い込んでいたから。でも今はその意味がよくわかる。**だしがあれば、料理はグッとシンプルになる。忙しいからこそ、本物のだしに救われるのだろうな、と。**

煮干しの頭とはらわたは本当にとらないとダメなのか？

ここまでかつお節と昆布の話ばかりしてきたが、もちろんだしはこれだけではない。かつお節、昆布と同じくらい多く使われているのが煮干しだろう。

煮干しだしのとり方を調べると、必ずといっていいほど「頭とはらわたをとる」と書いてある。とらないとくさみやえぐみが出るというのが理由だ。

子どもの頃、母親が翌朝のみそ汁用に毎晩鍋に煮干しを入れて水に漬けていたけれど、煮干しはどこもちぎられておらず、まるごとのままの姿だったのを覚えている。というか、みんなは本当に律儀《りちぎ》に頭とはらわたをとっているのだろうか？　そして、頭とはらわたをとらないと、ほんとうにくさみが気になるのか？　気になって実験してみることにした。

　まるごとのままの煮干しと、頭とはらわたをとった煮干しを、それぞれ一晩水に漬ける。どちらも、煮干しと水の分量は同じ。翌日、だしの出た煮干し水を飲んでみたところ、まるごとの煮干しだしはうま味が濃い。そして、特にくささは感じない。頭とはらわたをとったほうは、前者よりもすっきりとした味だ。

　さらに、この煮干し水を加熱してみる。感想は、いずれも先ほどと同じで、温めてみてもまるごとの煮干しだしはうま味が濃くてしっかりとした味。くさみもえぐみも特に気にならない。頭とはらわたをとったほうは、温めてもやはりすっきり上品な味わいだ。

　つまりこれは、好みの問題ではないだろうか？　わたしは濃いめのだしが好きなので、まるごとのままの煮干しで全然ＯＫ。むしろ、こっちのほうが好み。頭とはらわたをとった分、「こっちのほうが断然おいしい！」と感じれば、「面倒だけど、その分おいしいからがんばってとるか」と手間暇もかけるだろうけれど、そこまでの感動と必要性を感じなかったため、これからも迷うことなく、頭とはらわたをとらずにいこうと思う。

料理人や料理家のレシピ本に「こうしましょう」と書かれていると、素人であるわたしは「そうか、正しいやり方はそうなのか。そうしないとダメなのか」とつい思ってしまうけれど、時には自分の頭で考え、納得したうえでプロのやり方を自分流にアレンジしてもいいのではないだろうかと思うようになった。

などと考えていたら、『「分とく山」野崎洋光が説く　美味しい方程式』という本に、「頭とはらわたは品よく仕上げたいときは取りますが、普段はとらなくて結構です」と書かれていた。プロにお墨付きを与えてもらって、自分のやっていることが間違いではなかったとわかったときの安心感たるや（笑）。要は、プロの料理人がお客さんに出す料理と、家庭料理の違いということだ。

「**お客さまからお金をいただいて作る料理は、手間をかけてていねいに作るのが当たり前なんです**」。これまで取材してきた料理人の方たちは、みな同じことを言っていた。だしやスープのとり方、食材の下処理、調理法など、お店では時間をかけてていねいに行うけれど、「家庭料理ではここまでやる必要はまったくありません」と。

というわけで、これからは、「堂々と煮干しをまるごと使おう！」と、決意を新たにしたのであった。

苦手意識のある干し椎茸だしの攻略法

だし生活を始めてからも、なかなか上手に使いこなすことが出来ないのが、干し椎茸のだし。戻し汁を料理に使うと何でも干し椎茸味になってしまうのが悩みの種で、友人も同じことを言っていた。「ぜんぶ干し椎茸の味になっちゃうから、ダンナが嫌がる」と。うちも同じだ（笑）。どうすればおいしく使えるのだろうかと、「星月夜」の遠藤浄料理長に質問してみた。

「干し椎茸のだしが難しくて、ちょうどいい加減がわからないんです」

「入れ過ぎるとくどくなりすぎますから。スープだとほんの少しでOKで、250ccの**スープに、スプーン2杯程度入れるくらいで十分味が出ます。**煮物の場合は多めで、同量の水に70〜80cc程度が目安ですね」

スプーン2杯……!! 思わず、「そんなちょっとでいいんですか!!」と声をあげてしまったくらい、驚いた。煮物にいたっては、今まで戻し汁全部を入れていたような……。そりゃ干し椎茸味に染まるわけである。

この話を聞いてから、干し椎茸だしを使う機会がグッと増えた。小さ目の保存容器に2個干し椎茸を入れ、水をひたひた程度に入れて一晩。うま味たっぷりのエキスは、昆布だしやかつおだし、鶏むね肉を茹でたあとのスープなどに少量プラスして、うどんやそば、スープなどを作るようになった。単体のだしよりも、ほんの少し干し椎茸だしを入れるだけで、さらにおいしくなる。冷蔵庫に常備して、「うま味の素」のような使い方をするようになった。「○○を作るからだしをとろう」という発想ではなく、「冷蔵庫に常になんらかのだしがあるから使う」という毎日。干し椎茸だし、みそ汁や豚汁に使ってもとてもおいしい。

正しい使い方を知り、ちょっと苦手意識のあった干し椎茸が好きになった。今まで明らかに間違った使い方をしていてごめんね、という気分である。

ところで、スーパーの干し椎茸売り場を眺めていると、パッケージに「冬茹《どんこ》」と書いてあるものと、「香信《こうしん》」と書いてあるものがあるということに気づいた。冬茹はよく聞くけれど、香信とは……？　そもそも、冬茹の意味も知らないのだが。

『乾物と保存食材事典』(監修／星名桂治)によると、冬茹は「晩秋から初春にかけて徐々に生育したしいたけを傘が開く前に収穫して乾燥したもの。肉厚で、含め煮にすると驚くほどジューシー」。香信は、「春と冬、温度も湿度も高くなった頃に急速に生育して傘が開いたしいたけを乾燥したもの」とある。冬茹が肉厚で、香信が肉薄、という違いのようだ。

きりたんぽは比内《ひない》地鶏で

冬になると、たまに食べたくなるきりたんぽ鍋。スーパーで売っている「きりたんぽ鍋セット」を買って、シーズン中何度か作っている。セットにはスープも入っているのだけれど、「そういえば、本場のきりたんぽ鍋はどうやって作るのだろう」と気になって調べてみたところ、比内地鶏のガラでとったスープを使うのが必須とのこと。そうか、秋田のお米で作るきりたんぽと、同じく秋田が誇る銘柄鶏・比内地鶏のスープで作るからこその郷土料理だったのだ。ちなみに、比内地鶏は鹿児島の薩摩《さつま》鶏、愛知の名古屋《なごや》コーチンと並ぶ日本三大美味鶏と呼ばれているそうな。

比内地鶏で作らないと本物のきりたんぽとはいえない。何でも本家や本物が好きなわたしとしては、これはもう、比内地鶏のガラを買いに行くしかない。というわけで、さっそく銀座《ぎんざ》三越へと向かった。あちこち探し回るのも効率が悪いので、「銀座ならあるだろう」と的を絞ったのだ。

地下の鶏肉店に行くと、比内地鶏のガラが1個だけあった。というか、鶏ガラはどこのお店でも大抵1個しか並べていないように思う。売れたらまた1個出す、という印象なのだが、あまり需要がないということなのだろうか。ちなみに、お値段432円。スーパーで買うノーブランドの鶏ガラが100円ちょっとなので、実に4倍だ。これはさぞいいだしが出るに違いない。

さっそく鶏ガラスープをとる。といっても、ただ水で煮込むだけだ。そういえば、鶏ガラスープをとるときには、「くさみ消しにネギやショウガを入れる」とお約束のように言われているけれど、わたしは特にくさみを感じたりしないので何も入れない。以前取材した「星月夜」の遠藤浄料理長に、鶏ガラスープのとり方について質問したことがある。

「ネギやショウガを入れなくても、特にくさみを感じたことがないんですけど、やっぱり入れたほうがいいのでしょうか」

「ネギやショウガを入れるのは、くさみ消し以外に、風味づけの意味合いもあります。でも、日本の鶏肉はくさみがないので、入れなくても大丈夫。飼育環境や餌《えさ》がいいので、くさくないんです。海外の鶏肉はけっこうくさみがあるので、入れたほうがいいでしょうね」

なるほど……！　わからないことはプロに聞くのが一番！　と、改めて思った明快なお答え。そして、料理長のお墨付きをもらったので、これからも迷うことなく、堂々と水だけで煮込むことにしよう。

煮込み時間は40〜50分。以前は保温カバーで1日煮込み続けていたのだけれど、「40〜50分で十分だしが出るので、長時間煮込む必要はない」とのこと。そして、グラグラ煮立たせないのがポイント。ちなみに2番だしもとれるそうで（知らなかった……！）、2回もおいしいスープが楽しめるとは、鶏ガラは実はコストパフォーマンスがとてもよいといえるのではないだろうか。

こうしてとった比内地鶏のスープは、黄色い脂が浮いて、びっくりするくらい濃厚。100円の鶏ガラでとったスープでも十分おいしいのに、432円の比内地鶏ガラは、さらにうま味がすごい。やっぱり、きりたんぽセットに入っている濃縮スープとは大違い。比内地鶏のガラはスーパーではなかなか売っていないけれど、わざわざデパートまで買いに行く価値のあるおいしさなので、ぜひ一度おためしを。

あごの煮干しでパックのあごだしは再現できるのか?

今、わたしの周りではパックのあごだしが大人気だ。初めてあごだしの存在を知ったのは、7、8年ほど前だろうか。髙島屋のデパ地下で、福岡の食品メーカー「味の兵《ひょう》四郎《しろう》」が催事に出展しており、店頭で試飲したのが「あご入り兵四郎だし」だった。初めて口にするあごだし。これがものすごくおいしくて、即購入。みそ汁もワンランク上の味わいになり、大根をこのだしで煮るだけでもとてもおいしいし。しばらくの間ハマり、いろんな人に「兵四郎のだしがおいしいよ」と、勝手に宣伝していたくらいだ。

その後、福岡に旅行に行った際、地元のデパート岩田屋で初めて知ったのが、「茅乃《かやの》舎《や》」。ドレッシングや柚子胡椒《ゆずこしょう》など、おしゃれなパッケージの調味料がズラリと並び、とてもにぎわっていたことをよく覚えている。ここで試飲させてもらったのが、焼きあご入りの「茅乃舎だし」。これまたおいしくて、やはり即購入。しばらくの間、このだしパックでよくうどんやそばを作っていた。

そもそも、あごだしは、福岡や長崎の一部で使われていただしで、まったく全国区ではなかった。「味の兵四郎」公式サイトによると、同社があご入りだしパックを初めて作った会社とのこと。昨今こんなにもメジャーになったのは、やはり「茅乃舎」の人気によるものだろう。

わたしも、昆布とかつお節を中心としただし生活を始める前まで、このようなパックだしを愛用していたのだけれど、そもそもあごの煮干し自体を見たことがなかった。煮干しどころか、スーパーの魚売り場でも、トビウオ（あご）自体を見かけることがほとんどない。そんな中、すっかり習慣になったスーパーの乾物売場チェックをしていたところ、初めてあごの煮干しを見かけて思わず購入。1匹が煮干しの倍くらいの大きさで、「これでだしをとれば、兵四郎や茅乃舎みたいなおいしいだしがとれるのか！」と、さっそくあごだしをとってみることにした。生まれて初めてとる本物のあごだしに、心がはやる。

煮干しと同じように、一晩水に漬けておく。火にかけてアクが出なくなったら火を止める。とれただしを味見してみると……。うん、いつものカタクチイワシの煮干しとは明らかに違う味。なんというか、パンチがあってコクがある。が、「兵四郎」や「茅乃舎」とはまったくの別物。

「あれ、あんな味にはならないなぁ」と思いながら「兵四郎」と「茅乃舎」のパッケージを見てみると、あご以外にもいろいろなものが入っていた。「兵四郎」は、「鯖節、昆布、椎茸、焼きあご、いわしにぼし、鰹節」このほか、醬油加工品や食塩など。「茅乃舎」は、「かつお節、煮干しエキスパウダー（いわし）、焼きあご、うるめいわし節、昆布」。そしてやはり、粉末醬油や食塩も入っている。

わたしは「あご」という表記ばかりに気を取られて、てっきりあごオンリーのだしだと勝手に思っていたのだけれど、パッケージをよく見てみると「焼きあご入り」「あご入兵四郎だし」とちゃんと書いてある。あごのほかにもいろいろ入っているからこそ、深みのある味だったのだ。

「あごの煮干しさえあれば、あのパックだしみたいなだしがとれる……！」と思い込んでいた自分は、なんと無知だったことか。と同時に、決して安くはないこれらのパックだしは、これだけの原材料を使っているからこその価格なんだなぁ……ということもよくわかった。そして、最初から食塩や醬油が入っているから、何も味を加えなくても、パックだしだけでおいしい大根の煮物が出来るのだということも。

だし生活を始めてからは、かつお節や昆布、干し椎茸、鶏むね肉や鶏ササミのゆで汁などを組み合わせることで、簡単においしい料理が作れることがわかったので、パックだしや顆粒だしを一切使わなくなった。パックだしはたしかに便利だけど、自分でだしをとること自体、まったく面倒に思わなくなった。

以前、『簡単、なのに美味い！ 家めしこそ、最高のごちそうである。』著者で、料理上手なジャーナリスト・佐々木俊尚《ささきとしなお》さんに、だし事情を伺ったことがある。夫婦二人暮らしの毎日の食事を、すべて作っている佐々木さん。自宅でのごはん会に参加させていただいたこともあるのだけれど、季節感を大切にした色とりどりの料理は盛りつけも美しく、滋味深くてしみじみおいしい。そんな、まるで料理人のような腕前を持つ佐々木さんは、どんな素材で日々だしをとっているのだろうか。

「普通ですよ。どこのスーパーでも買える昆布とかつお節。今、東京・軽井沢《かるいざわ》・福井の三拠点生活を送っているので、どこでも買えるものじゃないと、料理するときに困るでしょう」

一見何気なく聞こえる佐々木さんのこの発言は、わたしに大きな気づきをもたらした。たしかに、「このだしパックじゃなきゃ、いつもの味が出せない」ということになったら、それはそれで大変かもなぁ……と思ったのだ。

佐々木家の台所には、昆布が何枚も入ったガラス瓶と、かつおの削り節がたっぷりと入ったガラス瓶が、どーんと置かれていた。いかにも、「すぐに取り出して使えるように」といった感じで、毎日の料理にだしがきっちりと定着している。カッコいいなぁと思った。

話がそれたが、あごの煮干しだけでは、「パックのあご入りだし」にはならない。しかし、あごの煮干しでとっただしは、コクがありながらも魚くささが少なく、独特のうま味があってとてもおいしい。特にうどんによく合うので、これからもたまにはあごだしをとってみようかな、と思った。

あご×椎茸。しあわせのダブルだし

料理好きな男性編集者と打ち合わせ中、「あごと干し椎茸だしのそばがすごいうまくて、今ハマってるんですよ」と興奮しながら話す様子がほんとうにおいしそうで、さっそく家で再現してみた。詳しい作り方を聞いたわけではないので、料理名から想像して作った自己流レシピ。

一晩水に漬けておいたあごと干し椎茸のだしを、味見しながらブレンド。ベースはあごだしで、干し椎茸の戻し汁は、「星月夜」遠藤料理長の教えをきっちり守る。「入れすぎると何でも干し椎茸味になるので気をつけなければ……!」と、小さじ1杯ずつ入れていく。3杯入れたところで、あごの濃いうま味と、干し椎茸の独特の風味がちょうどいい感じに混ざり合い、合わせだしが完成。ここにみりんと砂糖、薄口醤油を加えて味を調え、丼に入れたゆでたてのそばに熱々のそばつゆをかけ、シンプルな「あごと干し椎茸だしのそば」が完成。刻んだ小ねぎをどっさりのせていただきます。

いやー、うまい! 飲み干せるうまさ。実際、ぜんぶ飲み干した。**いつものかつお節**

や宗田節、昆布だしで作ったそばつゆとはまた違ったうま味が口の中に押し寄せる。醤油とみりん、砂糖という基本調味料は変わらないのに、だしが変わるだけでこれだけ違うんだなぁ……と、しみじみ思った。

あごだし×干し椎茸だしという組み合わせは、ラーメンを作ってもおいしいだろうと思い、飽きずに翌日作ってみた。麺は、地元北海道でおなじみ、西山製麺の「熟成麺」。ラーメンは、幼少の頃から食べている縮れ麺が一番好きなのだけれど、最近は西山製麺の麺が東京のスーパーでも入手しやすくなってうれしい。

昨日と同じだしに、今日はコクのある濃口醤油を合わせてみる。やや硬めにゆでた麺を丼に移し、熱々のスープを注ぎ入れ、仕上げにごま油をひとたらし。具は半熟たまごに、冷蔵庫にあった水菜をトッピング。うむ。これまたうまい……! あっさりながらも、うま味がしっかり。ごま油の風味もよく合う。冷蔵庫にだしと麺さえあれば、おいしいラーメンが手軽に作れるのだなぁ。

ラーメン屋さんにもよく行くのだけれど、魚介や豚骨、鶏ガラ、煮干し、かつお節などのさまざまな節、エビなど、ものすごくたくさんの食材から何時間もかけてだしをとる。あまりにも手間がかかりすぎるため、家庭で真似をするのはなかなか難しい。とある乾物業者から、「複数のだし食材を組み合わせるのは、ひとつの食材が値上がりした際のためのリスクヘッジの意味合いもある」という話も聞いたことがあり、なるほどと思った。また、これまでに取材した多くの料理人も、「最近のラーメン屋は本当に勉強熱心で頭が下がる」「とにかくだしへの探究心がすごい」と口を揃える。

ラーメン作りが趣味で、寸胴鍋を持っている知人男性がいる。休日のたびに、豚骨や鶏ガラ、野菜、宗田節などを何時間も煮込み続けてスープを作るそうで、「お金かかるだろうなぁ。でも、それが彼の楽しみであり、ストレス発散のひとときでもあるんだろうなぁ……」などと思いながら興味深く話を聞いていたのだけれど、2、3種類のだしを組み合わせるくらいなら、自宅でも無理なく気軽に作れる。余計なものも何も入れていないから、安心して飲み干せるのもいい。

あご＋干し椎茸という組み合わせは、自分では思いつかなかったし、だしを合わせる楽しみがよくわかった。

教えてくれた編集者に感謝！

【ざっくりレシピ】

あごだし×椎茸だしのあったかそば

一晩水に漬けておいた、水出しのあごだしと干し椎茸の戻し汁を合わせる。そば1杯分のあごだしに、椎茸の戻し汁は小さじ3〜4杯程度で十分だが、お好みで調整を。みりんと砂糖と薄口醤油で味を調えて、ゆでたそばと合わせればできあがり。

ごま油香る　あごだし×椎茸だしの中華そば

そばと同じだしを、濃口醤油で味を調える。椎茸の戻し汁はそばのときよりも多めに入れてもＯＫ。ゆでたラーメンとスープを合わせ、仕上げにごま油をひとたらしすればできあがり。

風味抜群のするめだし雑炊

札幌の母親から、誕生日にするめが送られてきた。なぜするめなのかは、わたしにもわからない。まぁ、自分でするめを買うこともそうそうないので、「炙《あぶ》って酒のつまみにでもするか」と思ったのだけれど、以前、恵比寿にある九州・熊本料理店「しん」で、締めに食べた「するめだし雑炊」がとてもおいしかったことを思い出した。なんでも、熊本のお雑煮はするめでだしをとるそうで、それをアレンジして雑炊にしたとのこと。というわけで、とある日のお昼ごはんに作ってみた。

するめは適当な大きさに切って、ひたひたの水に一晩漬けておくだけ。すると、翌日にはとてもいいだしが出るということを初めて知った。このするめだしと、やわらかくなったするめをキッチンバサミで刻み、ごはんと一緒にコトコト煮込む。味付けは塩少々のみ。茶碗によそい、小ねぎを散らして出来上がり。おお、シンプルなのにとてもおいしい……! 普通に生やボイルのイカを入れただけではこの味は出ないので、干すことによって、味もうま味もほんとうにギュッと凝縮するんだなぁ……ということがよくわかる。

なかなかいいなあ、するめだし。醬油ベースのパスタにちょこっと加えても絶対おいしい。卵かけごはんにひとたらしすると、「するめ香る　贅沢卵かけごはん」に。思った以上に使い勝手がよさそう。

干してある食べ物、かたっぱしからだしをとりたくなってきた。


【しん】

東京都渋谷区恵比寿南1-16-5　タチムラビルディングサウスB1F／電話03-6663-8731／定休日　日曜日

【ざっくりレシピ】
するめだし雑炊
鍋に、一晩水に漬けておいたするめだしと茶碗一杯分のごはん、キッチンバサミでだしをとったあとのするめを刻んで入れ、コトコト煮込む。塩で味を調えてできあがり。

ジャンクなおいしさ。ビーフジャーキーだし

「そのうち食べよう」と思いつつ、すっかり忘れて引き出しに入れっぱなしになっていた、もらいもののビーフジャーキーがある。するめだしに気をよくしたわたしは、「ビーフジャーキーでもだしがとれるのだろうか」と思い立ち、実験してみることにした。まわりの料理家さんたちに「ビーフジャーキーでだしってとれるんですかね？」と聞いても、「いやー、やったことないからわからないですねぇ……」という答えしか返ってこなかった。まぁ、ジャーキーでわざわざだしをとる人なんていないか。普通はそのまま食べるだろう。

だしのとり方は、するめと同じくひたひたの水に一晩漬けるだけ。大抵の乾物は、水に漬けておけばだしが出る、ということも覚えたぞ。ただ、ジャーキーは香辛料や塩などの調味料で味つけをしてあるので、そううまい具合にだしなんて出るのだろうか、と

いう不安もあった。「失敗してもいいや、もらいものだし」という気持ちも少なからずあった。というか、大いにあった。自分で買ったものだったら、間違いなくおいしく食べられる、そのままの状態で酒のつまみにしていただろうから、「だしをとってみよう」などとは微塵《みじん》も思わなかったであろう。

翌日、恐るおそるビーフジャーキーだしをチェックしてみる。色は完全に茶色。濃い茶色。においは明らかにスパイシー。「香辛料や胡椒の香りだな」と、はっきりわかる。ひと口飲んでみると……。

「う、うまい……!」

びっくりした。衝撃だった。牛肉のエキスがしっかりと抽出され、かつ香辛料や塩、醤油の味もだしに溶け込んでいて、言うなればジャンクな味わい。スナック菓子のフレーバーにありそうな感じ。

「このだしはどう使えばおいしいだろうか」と考え、まっ先に思いついたのがピラフだ。いや待てよ、ピラフなんて作ったことがない。ネットで調べてみると、ピラフとは「炒めた米を具とともにだしで炊いた料理」と出てくるので、わたしが今から作ろうとしているのは、正式にはピラフではなく、チャーハンだ。こういう、ちょっとしたことがすぐに気になってしまうのは、ライターという職業柄仕方あるまい。というわけで、ピラフではなく洋風のビーフジャーキーチャーハンを作る。

ボウルに卵1個を溶き、チンした冷凍ごはんに入れて混ぜ、ごはんを卵でコーティングする。こうすることでパラパラのチャーハンが出来ると、以前何かで読んだことがある。熱したフライパンで卵ごはんを炒め、やわらかく戻ったビーフジャーキーをキッチンバサミで刻んで投入。ビーフジャーキーだしと塩胡椒で味つけして出来上がり。

これはうまい！　かなりスパイシーな洋風チャーハンという感じ。具として入れたビーフジャーキーも、味が完全に抜けているわけではなく、牛肉のうま味はしっかり残っている。硬さも、ふにゃふにゃになるわけではなく、適度な歯ごたえになって食べやすい。ビーフジャーキーだし、正直あまり期待していなかっただけに（笑）、驚きが大きかった。だしというよりも、「香辛料入りのビーフエキス」として、調味料感覚で使うとよさそう。ポトフに入れるとスパイシーな大人ポトフに。焼きそばや焼きうどんにちょっと入れても、間違いなくおいしいだろう。

気に入った。これからもたまにやってみよう。何事も、やってみないとわからないものですな。

【ざっくりレシピ】

ビーフジャーキーチャーハン

水に一晩漬けておいたビーフジャーキーをキッチンバサミで小さく切る。ボウルに卵1個をとき、茶碗1杯分のごはんを入れて混ぜる。フライパンでバターを熱し、ごはんを炒める。パラパラになったら、ビーフジャーキーを入れてさらに炒め、ビーフジャーキーだしを醤油のように鍋肌から回し入れる。塩胡椒で味を調えてできあがり。

ケチャップ、豆乳……これもだしになる！

うま味成分が豊富なトマト。サラダや冷やしトマトなど、生で食べることはしょっちゅうだし、炒めものや煮込み料理に使うことも多い。トマト缶やトマトジュースを料理に使うことも多々あるけれど、数年前にテレビで見たケチャップの活用法には驚いた。NHKの「ためしてガッテン」で紹介していた、**ケチャップをみそ汁のだしに活用する**という方法だ。

ケチャップの主な原料はいわずと知れたトマトなので、うま味成分のグルタミン酸もギュギュっと凝縮されている。ガッテンが注目したのが、ケチャップをだしとして使うという方法。なんと新しい。さすがガッテン。ケチャップを3～50倍の水で薄め、味覚センサーで測定する実験を行ったところ、「薄めれば薄めるほど、ケチャップの特徴である酸味や塩味の感じ方は減るのに、うま味やコクの感じ方は50倍に薄めてもほとんど変わらなかった」という結果に。つまり、わずかな量のケチャップがみそ汁にうま味とコクを与えるということが判明したのだ。

ためしに、番組で紹介していたケチャップだしのみそ汁を作ってみた。ケチャップ10グラムを鍋に入れ、極弱火で酸味を飛ばすように少し火を入れる。水500ミリリットルを加えてケチャップをよく溶き加熱。みそ30グラムを溶き入れ、ねぎをちらして出来上がり。なんと簡単。

いざ実食。……ほほう。これはおもしろい。たしかに、しっかりとうま味を感じる。でも、ケチャップの酸味はまったくない。いわれなければ、まさかケチャップだしとは、ケチャップのケの字も思わないだろう。ただ、かつお節や昆布、煮干しのだしとはまったくの別物。トマトなので当然なのだが、あの、日本人のDNAに刻み込まれている「だしの香り」がするわけではないので、だしの香りでホッとする、という効果はない。ただ、**冷蔵庫に残りがちなケチャップを、手軽な〝だしの素〟として使える**のはいいアイデアだと思った。みそ汁には、ねぎだけではなくきのこ類や野菜などを入れると、食材からもだしが出てさらにおいしいと思う。

もうひとつ、**うま味がたっぷりで料理にも便利に使えるのが豆乳だ。**豆乳の原材料はとてもシンプルで、大豆と水のみ。大豆には昆布に含まれるうま味成分と同じグルタミン酸が豊富に含まれているうえに、「畑のお肉」といわれるほど栄養満点で、たん白質のほか、イソフラボンなど女性にうれしい成分もたっぷり。独特のコクと甘みもあり、だしとしても使える優れものなのだ。

醬油やみそとも相性がよく、コクうまメニューが手軽に作れるのもいいところ。わたしは薄口醬油で味つけし、ベーコンとたっぷりのきのこを加えた「きのこの豆乳リゾット」、鶏もも肉と長ねぎ、すりおろしショウガを入れる「豆乳みそうどん」や、昆布だしに豆乳を加え、豚バラと白菜などを煮込んだ「豆乳なべ」など、特に冬に、「うま味の相乗効果」をいかしたあったかメニューが作りたくなる。まろやかでやさしい味に仕上がり、体にもよくていいことずくめ。**「体にいいごはんを作ると、心もホッとするなぁ」**と、毎度自己満足するのであった。

母直伝、「邪道なオニオングラタンスープ」

真冬に札幌の実家に帰省したときのこと。母親が「オニオングラタンスープ食べる？」というので、「うん」といいつつ、正直驚いた。「え、オニオングラタンスープなんてそんなおしゃれなもの、今まで一度も作ってくれたことないのにどうしたんだ突然？」というのが正直な気持ち。

ほどなくして、たっぷりサイズのマグカップになみなみと注がれた、アツアツのオニオングラタンスープが登場。こっくりとあめ色に煮込まれた玉ねぎは、とろりとやわらか。スープスプーンですくって口に入れた瞬間、驚いた。え、これお母さんが作ったの？　超おいしい。お店みたい……！

「これどうやって作ったの？　すごいおいしい」

「玉ねぎ刻んで水で煮込むだけ。ストーブの上に2日くらい置きっぱなしにしといたら玉ねぎやわらかくなるから、コンソメと塩胡椒で味つけするだけ」

あれば、焼いたバゲットととろけるチーズをのせる。なくても十分おいしい。それにしても、料理とはいえないくらいの調理法。いわば、「玉ねぎのだし」のみの、驚きの甘さとコクと、濃厚なうま味なのだ。

母曰く、「めんどくさいときは刻まないでそのまま煮込む」とのこと。丸いままの玉ねぎを。「ストーブの上に置いて煮込んでいるうちにやわらかくなるから、つぶせばいい」。このズボラさ。そしてストーブの有能さよ（笑）。

北海道では、冬の間中ずっとストーブをつけっぱなしにしている家も少なくない。夜中もとろ火状態を保っているため、たしかに煮込み料理には最適だ。東京のわが家にはストーブがないため、保温調理でトライしてみた。鍋を丸ごと保温カバーで包む調理法で、じんわりと煮込み続けることが出来るのだ。

北海道産玉ねぎを6個、適当に切る。刻むというほど細かくもない。カレーに入れるくらいの大きさだ。ル・クルーゼの鍋に玉ねぎを入れ、ひたひたになるくらい水を注ぎ、火にかける。沸騰したら火を止めてガス台から鍋をおろし、保温カバーで包んで半日放置。温度が下がってきたらふたたび火にかける。この作業を2～3日ほど繰り返すと、まっ白だった玉ねぎが、いつの間にか茶色くとろとろになっているという不思議。玉ねぎはすっかりやわらかくなっているので、木べらなどでつぶすとさらに食べやすくなる。コンソメキューブと、塩胡椒で味を調えて出来上がり。

びっくりするくらい簡単なのに、ちゃんとオニオングラタンスープになっている。何が邪道って、あめ色になるまで玉ねぎを炒めたりすることなく、水で玉ねぎを煮込むだけ。ただし、ひたすら煮込む。コトコトと煮込み続ける。わたしは保温カバーで調理しているけれど、ガス代を気にしなくていい人は、弱火で煮込み続けてください（笑）。

スープ1杯で、玉ねぎが1個以上入っているので、血液サラサラなんてもんじゃない。それにしても、玉ねぎのコクとうま味ってすごい。「野菜のだしって、こんなにすごいんだな」と実感できる、母直伝の邪道なオニオングラタンスープ。これからも冬になるたびに作り続けるだろう。そして、**ほうっておくだけで余熱調理ができる保温カバー、忙しい人にこそおすすめです！**

【ざっくりレシピ】
邪道なオニオングラタンスープ
玉ねぎを適当に刻み、鍋でひたすらコトコト煮込み続ける。保温カバーがない場合は、沸騰させた鍋を火から下ろし、タオルケットやタオルでくるんでダンボールや発泡スチロールの箱に入れても余熱調理が可能。煮込み続けて玉ねぎが茶色くなったらコンソメキューブと塩胡椒で味を調え、お好みでとろけるチーズと、焼いたフランスパンをのせてできあがり。

かつお節ならぬ鮭節とは？

あちこちでだしだし言っていると、「鮭節っていうのがあるらしいよ」と何人かから言われた。どうやら、いくつかのテレビ番組で紹介されていた模様。札幌で、たまたま通りがかって入ったラーメン屋「赤松」も、鮭節や鮭粉、鮭フレークなど、とにかく鮭をふんだんに使った「鮭ラーメン」がウリの店だった。風味豊かな鮭だしは、濃厚なコクと鮭のうま味が口いっぱいに広がる、どのスープにも似ていないスープ。これはなかなかお目にかかれない。子どもの頃から、焼き魚といえばもちろん鮭。秋になると「豊《とよ》平《ひら》川に鮭を呼び戻そう！」と始まった「カムバックサーモン運動」のニュースが毎年毎年テレビから流れ、年末には市場で鮭1匹買ってぶら下げて（じいちゃんが）帰ってくるような家で育った道産子なもので、「我々のソウルフィッシュである鮭が、これまたソウルフードであるラーメンと融合すると、こんなすさまじい破壊力が生まれるのか……！」と、ひとり感動しながら黙々と食べていた。

そんなこんなでやたらと鮭節のトピックスが多かったため、先日の帰省時に新千歳空港の「知床三佐ヱ門本舗《しれとこさんざえもんほんぽ》」で売っていた鮭削り節、「鮭ぶし　華ふぶき」を購入。食べてみると、かつお節よりもスッキリとして、甘みがある感じ。

製造元の知床標津《しべつ》マルワ食品公式サイトによると、同社はもともと建設会社で、社長の田村正範《たむらまさのり》氏が代表を務める「美しい村標津産蕎麦作り研究会」の活動が発端とのこと。かつお節でそばつゆを作っていたが、「もっとおいしいそばつゆは作れないか」と、標津町の特産品である鮭で、鮭節を作ろうということになったという。

さらにおいしいそばつゆを求めて鮭節を作る。すごい探究心である。使い方は、かつお節と同じ。みそ汁や麺類のだしのほか、冷ややっこや熱々のごはんにかける。ポテトサラダに入れたり、アボカドとあえてもおいしそう。

「知床三佐ヱ門本舗」の隣にある鮭専門店「鮭乃丸亀《さけのまるかめ》」で売っていた「鮭ぶし仕込いくら醤油漬」も、これまたおいしかった。いくらを鮭節ベースの醤油ダレに漬け込むという、いわば「親子漬け」で、化学調味料や保存料不使用。無添加にこだわっている点もいい。たくさんのお店でいくらの醤油漬けが売られているし、どれもさほど違いを感じたことがなかったのだけれど、店頭で試食をしてみて「これは一味違う」と、2箱購入。保冷バッグに入れて東京まで持ち帰り、鮭がほんのり香るピカピカのいくら丼に、鮭節だしのみそ汁という、鮭づくしの贅沢な朝ごはんを堪能したのであった。

気軽になんでもえび風味。桜えびだし

えびが好きだ。刺身で食べるのはもちろん、えびマカロニグラタンやえびのチリソース、オマールえびのビスクなど、どんな料理でも好きだ。ラーメン界でもえびだしは大人気のようで、新千歳空港「北海道ラーメン道場」の「えびそば一幻」は、いつ行っても大行列。搭乗まで時間の余裕があるときに一度だけ食べたことがあるのだけれど、甘

えびの頭を大量に煮込んだスープに、独自に開発したというえび油を加え、パンチのあるえびスープがすごいインパクトだった。帰省のたびに同店でえびそばを食べたいと思いつつ、あまりの大行列のため断念し、えびの香りをかぎつつ他の店でみそラーメンを食べ、東京に戻るのがお決まりのパターンとなっている。

新宿《しんじゅく》の人気店「つけ麺　五ノ神製作所」でも、やはり甘えびをふんだんに使った「海老つけ麺」を食べたことがある。どろりとしたえびスープが力強い自家製麺とよくからみ、濃厚を超えた超濃厚である。

自宅であの濃さのえびだしを再現するのは無理にしても、「もっと気軽にえびだしを楽しむことは出来ないだろうか」と思っていたところに目に入ったのが、キッチンの乾物入れに残っていた桜えび。買ったはいいけれど、あまり使い道が思いつかず、中途半端に残ってしまっていたのだ。桜えびといえば、お好み焼きにトッピングしたり、チャーハンの具に入れたり……。くらいしか思いつかない。干し貝柱や干し椎茸のように、一晩水に漬けたらえびだしが出るのだろうか、と思い立ち、さっそく漬けてみた。

大して期待もせずに翌朝味見をしてみたところ、おぉ、しっかりとえびのだしが出ているではないか……！　もちろん、大量の甘えびやオマールえびを長時間かけて煮出したような濃厚さはないけれど、えびの味をしっかり感じる、さっぱりえびだし。みそ汁に加えれば「えび風味のみそ汁」になるし、冷ややっこにかけると「えびだし香るプチぜいたくやっこ」に。卵焼きやオムレツに加えてもおいしい。塩焼きそばに、戻した桜えびをだし汁ごと入れると、えび風味の塩焼きそばになる。あんかけ料理のあんに使っても、間違いなくおいしいだろう。

中華食材の干しえびが好きでたまーに買うのだけれど、頻繁に使えるような価格ではなく、取扱店舗も多くはない。でも、桜えびならどこのスーパーでも売っているし、価格も手頃。無事だしもとれることがわかったので、えび好きとしては、これからはもっともっと、食卓への登場回数が増える予感満々である。

うわさの「出汁しゃぶ」とは？

この本を執筆中、あちこちでだしだし言っていたら、ライターの友人が「出汁《だし》しゃぶっていうのをみつけたので、行ってみようよ」と誘ってくれた。**おだしで食べるしゃぶしゃぶだから、「出汁しゃぶ」。なんとうまそうな響きなのだろうか。**京都の「瓢斗《ひょうと》」というお店が始めたもので、東京では「瓢喜《ひょうき》」という店名で展開。銀座店や赤坂店など、数店舗ある。

薄切りの豚肉や野菜を、薬味の白ねぎとともにだしにつけていただく。しゃぶしゃぶといえばポン酢かごまだれでしか食べたことがなかったので、この「だしで食べる」という初めての体験がとても衝撃で。刻み白ねぎはたっぷり、というかどっさり用意されていて、お代わり自由。白ねぎはビタミンB1の吸収を助けるので、豚肉と食べると効果的だという。この、ねぎと一緒に食べるというのもポイントだ。

とてもおいしかったので、さっそく家でも真似してみた。外でおいしかったものは、つい家でも再現してみたくなるし、夫にも食べさせてあげたいと思うので。もちろん本物と同じものが作れるわけではないので、雰囲気だけでも。

まずは、ねぎの白い部分をスライサーで薄くスライス。ひとり1本は余裕で食べられるので、けっこうな山盛りになる。同店のオンラインショップでも販売しているだしは、原材料が「真昆布、鰹節、かたくちいわし、薄口醬油、本みりん」とシンプルなので、自分で作ってみることにした。しかも昆布の中でも特にお気に入りの真昆布が使われていて、なんだかうれしい。この原材料からもわかるように、味自体は天つゆっぽい感じといえばいいだろうか。あっさり目の天つゆといったところ。

うわさの「出汁しゃぶ」をわが家で
再現してみた

真昆布、かつお節、煮干しでだしをとり、薄口醤油とみりんで味つけ。見た目も肝心なので、やはり濃口醤油ではなく薄口醤油で、黒くならないように仕上げたい。みりんも、「みりん風調味料」ではなく、伝統的な製法で作られた本みりんで。シンプルな材料だからこそ、調味料で差が出るものなので、よいものを使うに越したことはない。

豚肉も、せっかくなのでいい肉をと、近所のスーパーで買える、一番高級な銘柄豚、「TOKYO X」を購入。準備万端で、さっそくしゃぶしゃぶ。お肉をさっとお湯にくぐらせて、たっぷりのねぎとおだしでいただく。うん、自己流でやってみてもやっぱりおいしい！　あっという間にねぎがなくなり、慌てて追加でスライスしたほど。それくらい、豚肉、ねぎ、だしの組み合わせが最強に合うのだ。

締めは、お店と同じくそばで。豚の脂が溶け込んだだしでいただくつけそばは、これまた美味。**真昆布、かつお、煮干しというトリプルだしに、豚のうま味が合わさって、これぞうま味の相乗効果。**シンプルな料理も、うま味が重なるとこんなにおいしいんだなぁ……と、しみじみ感動する「出汁しゃぶ」であった。

お店は雰囲気のいい個室で、素敵な女将《おかみ》のおもてなしも楽しめて、会食にもぴったり。気になった方は足を運んでみては。

【瓢喜　銀座本店】
東京都中央区銀座7丁目16－14　銀座イーストビル1F・2F／電話03－6228－4313／定休日　日・祝日

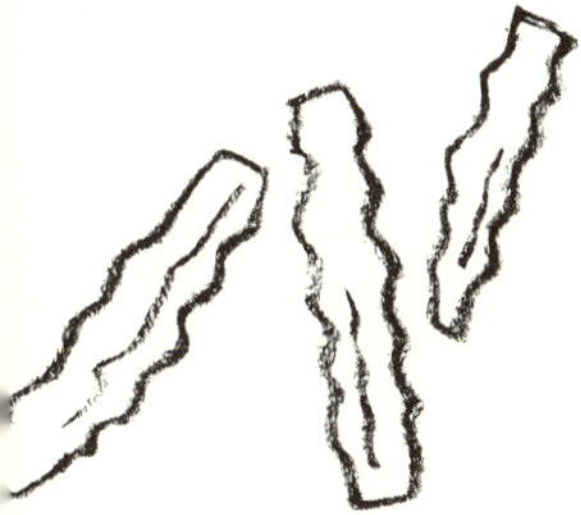

五、世界一簡単な
おだしのとり方

水に漬けるだけの昆布だし

1年以上かけて行った、だしについてのさまざまな学びと実践の結果、わたしが毎日無理なく昆布だしをとるには、このやり方がベストという結論に行き着いた。

きっかけは、実家のキッチンにあった、大量の昆布が水に浸かっている鍋だった。真っ黒に広がった昆布が鍋底が見えないくらい入っており、母に「なぜこんなに大量の昆布を水に漬けているのか」と聞いたところ、「水に漬けとくだけでいいだしが出るから。一人じゃなかなか昆布を使い切れないから、いっぱい入れている」とのこと。詳しくは後述するが、昆布の一大産地である北海道では、昆布をもらう機会が何かと多いもの。父は既に他界していて母はひとり暮らしのため、一人では使うのが追い付かないほど、知り合いやパークゴルフ大会の景品などでもらうことが少なくないのだ。なので、「お金を出して昆布を買うことがない」という人もけっこういる。

「昆布だしをお茶代わりに飲んだり、保温ボトルに入れてパークゴルフに持って行ったりしているよ」というので、あったためて飲んでみたら、これがものすごくおいしい。昆布のうまみがたっぷりと出た、極上のスープ。今思えば、このとき初めて「**昆布の量はケチっちゃいけないんだ**」ということに気づいた気がする。それくらい、自分でとった昆布だしや、寄せ鍋に昆布を入れたときも、「ほんとうにだしが出ているのかな？」と思うくらい、正直味がしていなかったように思う。なんとなく、儀式のように入れていただけ。母のようにぜいたくすぎる使い方は、普通は出来ないけれど、とにかく「だしをとるには量をケチっちゃいけない」ということがよくわかった出来事だった。

「だしのとり方は人それぞれで、正解はない」というくらい、料理人や料理家によって異なるので、**自分が一番やりやすい方法をみつけるのが、無理なくだし生活を続けるコツだ**と日々実感している。

たとえば、一般的な「かつおと昆布の合わせだし」のとり方は、「昆布を一晩水に浸し、火にかけて沸騰直前に取り出し、かつお節を加えて沈んだら濾す」というのが多いけれど、「かつお節と昆布を2つセットで使わなきゃ」と思うのでハードルが高くなるのではないだろうか。

だし生活を始めてから、わが家でもっとも出番が多いのが水出しの昆布だし。作り方は、**1リットルの水にだし用の昆布10グラムを入れ、冷蔵庫に入れて1晩から2晩おく。**これだけ。水に漬けておくだけで、十分においしいだしが出る。

水出しの昆布だしの保存期間については本によって書いていることが全然違って、「2、3日で使い切って」という人もいれば、「10日〜2週間持つ」という人もいる。わたしの実感としては、10日くらい余裕で持つように思うけれど、ほぼ毎日使っているのでもっと早くなくなる。今は常に切らさないよう、昆布だしを冷蔵庫に常備しておくようになった。

容器は何でもいいのだけれど、現在愛用しているのが、冷蔵庫のドリンクスペースに収まる長方形の麦茶用ポットで、幅の広い昆布もラクに入るし、使いたい分だけ注いで使えるので気に入っている。だしが出たあとの昆布は取り出してキッチンバサミで細かく切って、いろいろな料理に入れている。

どんな方法でだしをとるにしても、一番大事なのは、とにかく分量をケチらないこと！　昆布をたっぷり使えば、その分うま味がはっきりとわかる、おいしいだしが必ずとれる。「味がしない」「ただの水と大して変わらない」と思ったら、明らかに昆布の量が少ないので、倍量使ってぜひ再挑戦してみてほしい。昆布の種類にもよるのだけれど、水1リットルに昆布30グラムを使えばまず間違いないはず。**初めての人にわたしがおすすめしたいのは、真昆布か羅臼昆布。**初心者でも昆布のうま味がはっきりわかるくらい濃厚なだしがとれるので、「昆布だしってこんなにおいしかったんだ！」ときっと実感できると思う。

10日間持つと思えば、「今週は仕事が忙しく、夕飯は毎日外食になりそうなので、だしを用意しておいても使い切れないかも」という人でも、週末の自炊に使えば無駄にならない。「疲れて料理を作る気力がない」という場合は、あったためてそのまま飲むだけでもうまみたっぷりで十分おいしい。お好みで塩か醤油少々を加えるだけで、天然100％の立派な昆布スープの出来上がり。

ちなみに、「チキンラーメン」や「サッポロ一番　塩らーめん」などの袋麺を昆布だしで作ると、昆布だし香る極上のインスタントラーメンに。クノールなどの粉末コーンスープも、温めた昆布だしで溶くと、もっともっとおいしい。これなら忙しい朝でもすぐ出来るし、こんな風にちょこちょこ使っていると、1リットルの昆布だしなんて、あっという間になくなるはず。
ポイントは、「昆布をケチらない&最低1日おく」。これだけ気を付ければ失敗知らずなので(というか、水に漬けておくだけなので失敗のしようがない)、昆布のうま味の素晴らしさを、より多くの人が日常生活に取り入れられるといいなぁと思っている。

わたしはもう、昆布のない生活は考えられない。半年前まで顆粒だししか使っていなかったのに。人は変わるものですね(笑)。

コーヒードリッパーでだしを〝淹《い》れる〟

昆布だしと同じくらい外せないのが、かつおだし。合羽橋で木製の柄付きストレーナーを入手してからは、ザルで濾してたときよりもはるかに簡単にかつおだしがとれるようになったのだけれど、あるとき知人から、「コーヒードリッパーでもだしがひけますよ」と聞いて、「なにぃっ⁉」と驚いた。ドリッパーでだしをひくとな……?

ごはん好きの、ごはん好きによる、ごはん好きのための炊飯系フードユニット「ごはん同盟」のシライジュンイチさんは、コーヒーを淹れる感覚で、ドリッパーにペーパーフィルターをセットし、かつお節を入れてお湯を注いでだしをとるというのだ。

「普段かつおだしはお鍋でひきますけど、1人分のみそ汁を作るときなんかはドリッパーを使うことが多いですね」

なんだか無性にやってみたい。でもわが家のドリッパーは毎日コーヒーを淹れているので、完全にコーヒー臭。ならば新しいドリッパーを買いに東急ハンズだ。ハンズならば、いろんな種類のドリッパーがあるはずだ……！

思い込んだらまっしぐらのわたしは、即行動する。渋谷の東急ハンズに到着すると、調理道具売り場にはたくさんのドリッパーが並んでいた。1つ穴の「メリタ」、3つ穴の「カリタ」。この2つはどこでも売っているので、わたしも過去に使ったことがある（もちろんコーヒーを淹れるのに）。ほかにも、円錐型のフィルターを使う「ハリオ」や「コーノ式」など、有名ドリッパーはほとんど揃っている感じ。そんな中、気になったのが初めて見る「クレバー」というメーカーのドリッパーだ。フィルターをセットしてコーヒー豆にお湯を注ぎ、フタをして数分蒸らす。その後サーバーやマグカップにセットすると、コーヒーが下に落ちるというしくみ。コーヒー豆をかつお節に置き換えて考えてみると、お湯の中にかつお節が浸かった状態で数分蒸らすということなので、よりおいしくだしがとれるのではないだろうか？

というわけで、実験用に今回は、「メリタ」「カリタ」「クレバー」の3つを購入。家に帰ってさっそく実験開始。ドリッパーにペーパーフィルターをセットしたら、かつお節を入れる。冷ややっこやお好み焼きにかけるのにぴったりの、使い切りタイプのかつお節、にんべんの「フレッシュパック」（4・5g）がサイズ的にちょうどよさそうだったので、バサッと1袋投入。あとは、コーヒーを淹れるのと同じように、ちょろちょろとお湯を注ぐだけ。

結果的に、「メリタ」でも「カリタ」でも、おいしいかつおだしがとれる。これはほんとうに簡単でとてもラク。かつお節を蒸らすことが出来る「クレバー」は、蒸らし時間がある分、さらにしっかりとした濃いだしがとれる。

こんなに便利な方法を覚えてしまい、わたしはすっかりドリッパー派になってしまった。**寝起きにコーヒー感覚で1杯のかつおだしを淹れるもよし。部屋中に漂うだしの香りで、朝から幸せな気持ちになれる。**あとは、邪道かもしれないが、冷蔵庫に常備してある、水出しした昆布だしを温め、ドリッパーでとったかつおだしを加えて合わせだしを作ったりもする。冬、鍋をしているときにだしが足りなくなってくると、ドリッパー

とっても簡単！
コーヒードリッパーでだしをとる

でささっととったかつおだしを加えたり、1・5人分くらいしか残っていないみそ汁にドリッパーだしを足して2人分に増やしたり、とても気軽にだしをとることが出来て非常に便利。離乳食用や、だし巻き卵用に少しだけだしが必要なときにもぴったりだと思う。

かつおだし専用のコーヒードリッパー、1つ用意しておいて損はないはず。ぜひお試しを。

六、　だしの謎を徹底調査

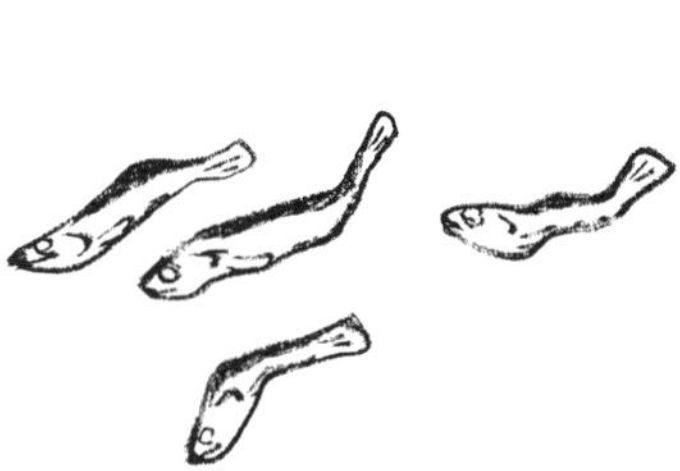

だしは「ひく」？　「とる」？

「だしをひく」「だしをとる」。２つの言い方があるけれど、正しくはどちらなのだろうか。わたしが日常的に使うのは「とる」。「ひく」は、何となく和食の料理人が使うイメージ。気になったので、手元にある本やネットで調べてみた。

『「分とく山」野崎洋光が説く　美味しい方程式』（野崎洋光）
「いい出汁がとれるかどうかは、昆布やかつお節の質もありますが、大事なのは温度。これにつきます。ちょうどいい温度の湯の中でこそ、かつおからうまみの成分が引き出されるのです。昔から、出汁をひくという言葉はここから出ているのです」（野崎洋光）

『簡単、なのに美味い！　家めしこそ、最高のごちそうである。』（佐々木俊尚）
「フレンチのブイヨンや和食のだしは、雑味をいっさい入れないでつくる。（中略）どちらも雑味をなるべく減らして、味を研ぎ澄ますのが同じなんですよ。だからだしは

『引く』って言う。足さないの」（赤坂「美音」岡野延弘）

『日々のだし』（矢長謙三）

「カツオだしには『だしを引く』という言葉を使いますが、これは雑味を入れず、うまみだけを引き出すというイメージ」

NHK公式サイト「トクする日本語」（http://www.nhk.or.jp/kininaru-blog/2015/01/）

「だしは『取る』とか『引く』と言いますね。『取る』というのは、材料をゆでた汁を取ることから、と言われます。また、『だしを引く』と言うのは、素材のうまみや香りを汁に〝引き出す〟ことから来ているそうです」

なるほど。「うまみを引き出す」「足さずに引く」。だから「だしをひく」。フランス料理で使われるフォンやブイヨンは、大量の肉や野菜を膨大な時間をかけてグツグツと煮込み、アクをとりながら煮出しするのに比べて、日本のだしをひくのは圧倒的に早い。

かつお節は沸騰したところに入れてすぐに火を止めるし、昆布の場合は沸騰する直前に火を止めて取り出す。つまり、**時間にするとわずか数分で滋味豊かなだしがひけるのだ。**

シンプルな乾物から驚くほど豊かなうま味が抽出できる日本のだし。「ひく」の意味がわかると、日頃から自然の恵みと日本古来のだし文化に感謝して、うま味をきちんと引き出さねばという気になってくる。

いつの日か、さらりと「だしをひく」と言えるようになりたいものである。

なぜ道産子《どさんこ》は昆布を食べないのか？

わたしは北海道出身なので、北海道が昆布の一大産地ということは知っている。調べてみたところ、日本で食べられる昆布の90％が北海道産だという。では、実家で日常的に昆布でだしをとったり料理に使っていたかというと、ほとんど記憶にない。せいぜいお正月のおせちに入っている昆布巻きくらいで、甘辛く煮こまれたにしんの昆布巻きがお重に盛りつけられた光景はよく覚えているけれど、子どもの頃のわたしや弟は、正直喜んで食べてはいなかった。地味な昆布巻きよりも、ひたすら毛ガニや手巻き寿司ばかり食べていたという記憶がある。

みそ汁のだしはというと、かつお節でも昆布でもなく、煮干しだった。毎晩、ストーブの上には朝食のみそ汁用に、煮干し数匹と水を入れた行平鍋《ゆきひら》をセットしてあるのがいつもの光景。よく考えてみると、「かつおと昆布の合わせだしのみそ汁」を飲んだのは、大人になってからのように思う。

総務省の家計調査※によると、昆布の購入金額は、1位が富山市で、以下、2位京都市、3位堺市、4位福井市、5位奈良市と続く。産地の北海道はというと、札幌市がなんと47位。昆布漁のほとんどが北海道で行われているというのに、なぜこのような結果になっているのか。

敦賀の老舗昆布商「奥井海生堂《おくいかいせいどう》」の奥井隆《たかし》氏の著書『昆布と日本人』を読み、その謎が判明。日本における昆布の歴史と長年の食文化が大きく関係しており、18世紀後半の交易船、北前船までさかのぼる。

かつて蝦夷地《えぞち》（北海道）でとれた昆布やにしんなどの交易品は、北前船で日本海を南下し、富山や福井で荷揚げされた。さらに、下関《しものせき》から瀬戸内海を通るルートで大阪に昆布が集まり、これらの地域には、昆布だしのほかに煮物や昆布締めなど、昆布の食文化が定着。今でも昆布の消費量が多いのはこのためだ。一方、**産地の北海道では、昆布は高く売れる重要な商品だったため、食べるよりも売るほうが優先だったのだろう**。このため、昆布を食べる習慣が根付かなかったものと思われる。ちなみに、北前船が往来したルートは「昆布ロード」と呼ばれている。

昆布のことを調べ始めてから、「なぜ昆布問屋は大阪に多いのだろう」「なぜ北海道では昆布を使わないのだろう」とずっと疑問に思っていたのだが、北前船に行きついてすべてがつながった。もともと、昆布は高価な食材だったのだ。

道民の昆布購入金額は低いけれど、「どこかからもらってくる」という家庭はけっこう多い。具体的には、昆布産地の親戚や知り合いから送られてきた家からおすそ分けが回ってくるなど。

札幌の昆布店「佐吉や」の佐々木惇さんは、「道民の〝もらい昆布流通〟はかなりの規模になると思います」と言っていたけれど、本当にその通りなのではないかと思う。

※家計調査（二人以上の世帯）品目別都道府県庁所在市及び政令指定都市ランキング／平成24年（2012年）～26年（2014年）平均

京都は利尻、大阪は真昆布、東京は日高

昆布の利きだし実験で、それぞれの特徴や違いがわかった。昆布のことを調べていくうちに、土地によって好まれる昆布が違うということが判明。雑味が少なく、透明なだしがとれる利尻昆布は、お吸い物を美しく仕上げる必要のある京都の日本料理店で多く使われている。真昆布は大阪での消費量がダントツで、北海道で獲れた真昆布の90％が大阪で消費されているというデータもある（どうりで東京ではあまり見かけないはずである）。NHKの連続テレビ小説「ごちそうさん」でも、西門悠太郎（東出昌大）と結婚したため以子（杏）が、東京から大阪の西門家に引っ越し、義姉の和枝が作る「おつい」（だしだけで勝負する汁物）のおいしさの秘密を探るべく、乾物屋に昆布のことを

学びに行くシーンがある。「料亭などに卸す、山だし昆布（真昆布）の中でも、最高級なのが元揃昆布※」という描写があり、古くから大阪では真昆布が親しまれていることがわかる。

『昆布と日本人』(奥井隆)によると、東京で一番売れているのは日高昆布で、「私が東京で初めて商売をするようになった30年前は、築地《つきじ》市場でも昆布は日高しかありませんでした」とある。その理由は昆布の流通の歴史にさかのぼるといい、昆布商を営む奥井氏はこう解説する。「北前船で蝦夷地から上方まで運ばれ、まず上質の昆布から売れていき、量が多かった日高昆布を上方から江戸に送ったのです。言い方は悪いですが、上方で売れ残ったものが江戸で消費されたということになります。昆布商の立場から見ると、『西高東低』といっていいでしょう」。

なるほど……! 東京のスーパーに日高昆布ばかり並んでいる理由がようやくわかった。地元北海道のスーパーも、圧倒的に日高が並ぶ。東京でも、利尻、羅臼、真昆布が並ぶのはほとんどが高級スーパーで、安さを売りにしている大手チェーンのスーパーではほとんど見かけない。東京の人は昔から日高昆布を使っていたので今でも多く並ぶし、長年の食習慣はそう簡単に変わるものではないので、日高昆布を使い続ける人が多いのであろう。

昆布の利きだし実験では、正直日高のよさがわからなかった。利尻、羅臼、真昆布という「昆布の王様」たちと比べてみると、申し訳ないけれど、どうしても劣る。

しかし、**毎日昆布を使うようになってくると、日高のよさがわかってきた。**煮物や炒めものなど、料理に使う分にはダントツで日高が使いやすいのだ。薄くて柔らかい分、すぐ煮えるし、切るのもラク（羅臼や真昆布は厚みがあって硬い）。日高でだしをとる場合は、「水1リットルに30グラム」など、贅沢にたっぷり使うとしっかりとしただしが出る。しかも、薄いのでだしが出るのも早い。

日高昆布のパッケージをよく見ると、「柔らかいのが特徴。おでんや煮物、結び昆布に」「料理の素材に」と、適した用途がちゃんと書いてあるし、だしのとり方も「水1リットルに3〜4本」など、多めに使うように書いてあるものもある。

わたしは今まで、日高昆布のことを何もわかっていなかった。「一番安い昆布」という認識しかなかった。「今までパッケージを全然読んでなくてごめんね……」と、日高昆布に謝罪した。猛省しきりである。でも、わたしのように、昆布のことを知らない人は大勢いると思うので、スーパーでもそれぞれの昆布の特徴や使い方、おすすめの調理法など、わかりやすくPOPをつけて展開してくれると、もっと興味を持つ人が増えるかもしれないのになぁ……と思ったのであった。

スーパーの乾物売場ご担当者さま、何とぞよろしくお願いいたします。

※昆布の格付け事業を行う北海道水産物検査協会の公式サイトによると、元揃昆布とは、「昆布を伸展して乾燥し、葉元を三日月形に整形したもの」とある。

日本人はいつから料理にだしを使っているのか？

日本料理になくてはならないだし。毎日の家庭料理にもかかせないだし。書店にずらりと並ぶレシピ本にも、一般人が投稿するクックパッドのレシピにも、当然のように「だし……300cc」といったように、材料の中にだしが登場するレシピは無数に存在する。顆粒だしにしろパックだしにしろ、とにかくわたしたちの料理にはだしがないと困るのだ。

日頃から、何の疑問もなくだしを使っているけれど、一体いつから料理にだしを使うようになったのだろうか。気になって調べてみたところ、農林水産省サイト内「和食文化の保護・継承」というページに行き着いた（http://www.maff.go.jp/j/keikaku/syokubunka/culture/wasyoku.html）。「日本の伝統的食文化としての和食」という記事によると、和食が目指すものとして、「端的にいえば、うま味であり、それを抽出するだしである。料理にだしを用いてうま味成分を生かそうという発想は、今から約800年前の鎌倉時代にはじまると思われる」という一文がある。その後、約300年後の1643年に出版された、日本初の実用料理書とされる『料理物語』にだしが何度も登場。かつおだしの二番だしや、昆布がだしの素材として使用されていることも明記されている。

1668年刊行の『料理塩梅集』では、鱈《たら》のすまし汁の調理法に「水一升に鰹節一本、昆布二枚ほど入れ」とあり、かつお節と昆布の合わせだしが初登場。「だしとだしを合わせるとおいしくなる」という、いわゆる「うま味の相乗効果」が認知され始めたものと考えられる。当時はまだ「うま味」という概念はなかったが、感覚的においしさがわかっていたのだろう。その後、1822年刊行の『料理早指南』で「精進のだし」として「伊勢かんぴょう、昆布、白豆、もち米」は「水にて出し用ふ」とあり、これまでの料理書に多く見られた煮出してだしをとる方法ではなく、昆布の水出しの方法が使用されていることがうかがえる。

昆布を水に漬けておくだけでだしが出るこの方法は、手軽で簡単なのに、しっかりおいしいだしがとれる。わたしも冷蔵庫に切らさず常備しているが、こんなに昔に確立されていた方法ということを今回初めて知った。先人の知恵に改めて感謝したい。

このように、江戸時代に用いられるようになったかつおだしや昆布だしだが、この時代の料理書はおもに料理人を対象としたものが多く、日常食というよりはもてなし用の饗《きょうおう》応料理を説く傾向が強かった模様。日常の料理に焦点をあてた家庭向けの料理書が多く出版されるようになったのは近代に入ってからで、1893年刊行の『素人料理年中惣菜の仕方』に、「通常の清汁《すましじる》には鰹節だしを用い、上等な清汁にするときには、鰹節だしと昆布だしを合わせて使用する」という記述があり、合わせだしが一般的になったことがうかがえる。その後、１９０４年に刊行された『和洋家庭料理法』の中で、一番だしと二番だしのとり方を紹介。この頃から、二番だしも一般家庭で利用されるようになってきたと考えられる。

明治時代に出版されたこれらの料理書は、料理人ではなく、家庭で料理を担当する女性向けのものとされており、このような料理書の刊行数の増加とともに、かつお節と昆布を使っただしが一般庶民に広く普及していったようだ。

日本中で広く使われている煮干しだしに関する記述が見られるようになったのも近代からで、江戸時代の中期の頃から庶民の生活も向上していったものの、かつお節はまだまだ高級食材。正月などのハレの日に使うものだったため、**西日本を中心に煮干しがかつお節の代用品として用いられるようになり、だしの素材として利用されるようになった**と考えられている。さらに、煮干しだしが東日本で使われるようになったのは、明治以降とされている。

これまで、何も考えずに料理にだしを使っていたけれど、歴史をひも解いてみると実に興味深い。どんな食べ物もそうだけれど、一番最初に恐るおそる試した人や、おいしく食べられるよう工夫して文書を書き残してくれた人がいたからこそ、今日につながっているのだなぁ……と改めて思った。そして、だしの文化が廃れずに現在まで脈々と受け継がれているのは、何よりも「おいしい」と感じているからに他ならない。

海外のシェフも注目の「UMAMI」

うま味とは、人が感じる5つの基本味（甘味・塩味・酸味・苦味・うま味）の1つで、1908年に東京帝国大学（現・東京大学）の池田菊苗《いけだきくなえ》博士が昆布だしのおいしさの正体がグルタミン酸であることを発見。その味を「うま味」と名付けたのが始まりだ。

その後、1913年に池田博士の弟子である、東京帝国大学の小玉新太郎《こだましんたろう》がかつお節のうま味成分イノシン酸を、1960年にはヤマサ研究所の研究員、国中明《くになかあきら》が干し椎茸のうまみ成分グアニル酸を発見。国中は、のちに核酸系のうま味成分イノシン酸やグアニル酸を、昆布のうま味成分であるアミノ酸系のグルタミン酸と混ぜることで、驚異的にうま味が増幅することもあわせて発見。**かつお節や昆布を単独で使ったときに比べ、2つをブレンドすることでうま味が7~8倍にも増える「うま味の相乗効果」**として、広く知られることとなった。

たしかに、かつお節だしや昆布だしは、単独で飲んでもホッとする味わいで十分おいしく感じるのだけれど、合わせたときのおいしさは2倍どころではない。明治時代にかつおと昆布の合わせだしが一般的になった頃にはまだ「うま味の相乗効果」は発見されていなかったのに、日本人は感覚的においしさが増すこ

うま味成分をたくさん含んでいる食材は？

アミノ酸系	核酸系	
グルタミン酸	イノシン酸	グアニル酸
昆布 みそ 醤油 トマト 玉ねぎ アンチョビ チーズ 豆 白菜 緑茶　など	かつお節 煮干し 肉類 魚介類 鶏ガラ 干し貝柱　など	干し椎茸 きのこ類

とをわかっていたのだ。

うま味成分を多く含む代表的な食材は前ページの表の通り。このほか、貝類に多く含まれる、有機酸系のコハク酸などがある。

うま味は、「UMAMI」として世界的にも公式用語として認められた呼び名で、2013年に和食がユネスコ無形文化遺産に登録されてからは、海外のシェフからも注目されている。昆布など日本の食材を用いるイタリアンレストラン「イル・ギオットーネ」の笹島保弘シェフはこう話す。

「海外で昆布やかつお節に注目しているシェフは大勢います。僕はイタリアで昆布を使った料理を紹介するセミナーをしたことがあるのですが、昆布だしをそのまま飲んでもらっても、彼らはあまりわかりません。というよりも、ヨード臭を感じて微妙な顔をすることもあります。そこで、僕がよくやるのは昆布締め。それも魚ではなく肉でやります。彼らは生肉をカルパッチョにして食べる習慣があるので、肉にオリーブオイルを塗り、昆布で挟みます。そうすると、ただオリーブオイルと塩で食べるよりも風味やコクが増しておいしい、ということを何となく理解してくれます。昆布だしにあさりのスープを合わせると、それぞれ単独で飲んだときよりも、うま味の相乗効果でさらにおいしくなる。飲んだだけでもわかりますが、相乗効果の科学的なデータを見せると、みんな一発で納得してくれますね」

トマトやオリーブオイル、チーズなど、イタリアにもうま味食材はたくさんある。世界的に「UMAMI」が注目されているからといって、日本の昆布やかつお節ばかりが礼賛《らいさん》されるのはちょっと違うのでは、とも言う。

「食というのは文化ですから、その国の食文化に合致した紹介の仕方をしないとどうしても拒絶反応が起きてしまいます。『わたしたちの国にだって、うま味のあるおいしい食材はたくさんあるのに』と。なので僕は、イタリア人に合ったやり方で、日本のうま味文化のよさを伝えたいと思っています」

たしかに、たとえばイタリア政府が「ドライトマトはうま味のホームラン王」「チーズはうま味の宝石箱や〜!」などといった具合に、日本でイタリア食材の大々的なキャンペーンを始めたとしたら（あくまでもたとえ話です・笑）、「日本でうま味といえばかつお節と昆布なのに」と、あまりいい気はしないかもしれない。といったことを、笹島シェフはイタリアで、肌で感じたのではないかと思った。

うま味に関する調査で、興味深いデータがある。味覚の研究を行うＡＩＳＳＹ株式会社が日本人１００名と外国人１００名を対象に行った「味覚力調査」では、**日本人のほうがうま味を感じる力が強いことが明らかになった。**

この調査は、日本人と外国人を比較して、５つの基本味（甘味、塩味、酸味、苦味、うま味）をどの程度感じることができるかを調べたもの。調査対象者に飲料サンプルを飲んでもらい、甘味、塩味、酸味、苦味、うま味、無味の6種類のうちどれかを言い当ててもらうということを6回繰り返し、6回すべてで味を言い当てることが出来れば6点満点。うま味については、外国人１００名の正解率が34％だったのに対し、日本人１００名は71％と、2倍以上の差がついた。

同調査の全体の傾向を見ても、6点満点中日本人の平均点が4・9点、外国人が3・9点という結果に。これは、6回のテストのうち、日本人が約5回言い当てられるのに対し、外国人が言い当てられるのは約4回ということになる。つまり、日本人のほうが味覚を感じる力が強いということだ。繊細《せんさい》な舌を持つ日本人だからこそ、池田菊苗氏は

100年以上も前にうま味を発見することが出来たのではないだろうか。

日本人が発明した「うま味の相乗効果」。家庭料理でもこのことを意識して食材を組み合わせてみると、シンプルな料理もグッとおいしくなる。わたしが気に入っているのは、「昆布だし×厚切りベーコン×かぶのスープ」、「かつおだし×白菜×しめじのスープ」など。昆布だしもかつおだしも、和食以外にもどんどん使う。**うま味食材をかけ合わせたら、味付けはほんの少々の塩だけでも十分おいしい。**わたし自身、「うま味ってほんとうにすごいんだなぁ……」と実感する日々なのである。

うま味の宝庫の食材とは？

わが家の実体験がきっかけとなった『終電ごはん』という本では、料理家の高谷亜由さんにレシピを考案していただいたのだが、「夜遅くでも作れる簡単料理なので、シンプルな手順で作れて、かつ自分では思いつかない食材の組み合わせが知りたい」とリクエストした。高谷さんが、「それでは、食材や調味料自体がだしになるものを使いましょう」と、あさりやトマト、牡蠣《かき》のうま味を凝縮したオイスターソースなどを使うことを提案してくれた。それまでわたしはあさりを料理に使うことがほとんどなく、オイスターソースにいたっては、炒めものに使うという発想しかなかった。豚肉とあさりを使った〝ダブルだし〟が特徴の、「あさりとじゃがいものポルトガル風鍋」や、オイスターソースをスープに使う「えびと青菜のとろみうどん」など、自分には絶対に思いつかない高谷さんのレシピ作りや発想は、とても新鮮で「へええ!」の連続。この本を彼女と一緒に作ったことがきっかけで、自分の日々の料理でも「うま味を多く含む食材を組み合わせて料理に使う」という考え方が根付いたのは、とても大きな気づきだったと思う。

旅をきっかけにベトナム料理に魅せられたという高谷さんは、ベトナム料理のレシピ本も出版したり、料理教室も主宰している。そんな彼女に、ベトナム料理のだし事情について聞いてみた。

「ベトナムでは、事前にだしをとるという考え方がほとんどありません。麵料理店では鶏ガラや豚骨、牛骨、スペアリブなどでだしをとりますが、家庭料理の汁物だと、だしが出る食材を使ったり、肉や野菜などを使った別のおかずのゆで汁を汁物に流用したりします。たとえば、鶏手羽や豚のスペアリブなどの骨付き肉、あさりやしじみなどの貝類、干しえびや干し椎茸、するめなどの乾物類。野菜だと、根菜類やトマトなど。高菜漬けなどの発酵食品もだしにします。豚肉とよく合うんですよ」

ベトナムにも高菜漬けがあるのも驚いたが、たしかに豚肉と炒めたりするとおいしそう。骨付き肉は、鶏の手羽元くらいしか使ったことがない。たしかにゆでるととてもいいスープがとれるなぁと思ったけれど、ほかの骨付き肉は買ったことがなかったし、そもそもスーパーで目に留まることすらなかった。自分がいつも買う食材は同じものばかりだなぁ……と、つくづく思い知ったのであった（笑）。

骨付き肉、これから注目してみることにしよう。

関東はかつお節、関西は昆布

関西の人が東京でうどんを注文すると、もれなく「つゆが黒い」と驚く。これは、関東がかつおだし＋濃口醤油の文化、関西が昆布だし＋薄口醤油の文化によるものだが、なぜ関東と関西のだしは違うのだろうか。そもそも、北海道で収穫される昆布が関西で多く使われ、九州で多く製造されるかつお節が東日本へという、物流が日本列島でクロスするという不思議な現象が起きている。これは北前船の「昆布ロード」にさかのぼるが、昆布が北海道から大阪に運ばれると上等なものから売れていき、**大阪で売れ残ったものが江戸で消費されたため、関東では昆布文化が発達しなかった**、というもの。本当においしい昆布の味を知らなかったから、根付かなかったということであろう。

ｎｉｆｔｙ「何でも調査団」が行った、「うどんについてのアンケート・ランキング」（２０１３年5月17日）がなかなか興味深い。

「うどんの汁（だし、つゆ）は、関西風（薄口醤油・透明な汁・昆布だしが主流）と関東風（濃口醤油・黒っぽい汁・魚だしが主流）どちらが好きですか？」

回答は、関西風が50％、関東風が22％という結果に。地域別に見ると、関西の人の90

%以上が関西風うどんを支持。対して、東海から東の人は、「どちらも同じくらい好き」と答えた人のほうが多いという特徴が。わたしも同じで、どちらのうどんも好き。大阪の名店「今井」のきつねうどんを初めて食べたときは、その見た目の美しさとだしのおいしさに感動した。昆布とさば節、うるめ節を使用した透明感のある黄金のだしは、うま味もコクもしっかり。関西ではうどんの汁を飲み干す人も多いと聞くけれど、まさに飲み干せるおいしさだ。

わたしの出身地の北海道も東京も、うどんとそばのつゆはほぼ同じ。黒くて濃い。でもこのつゆで育っているので、東京で食べてもなんの違和感もない。そもそも、東京には関西のようなうどん専門店というもの自体が少ない。そば屋のメニューにうどんも並び、つゆも具もそばと同じで、麺だけがうどんに変わる、といった具合だ。東京であの黒い汁を飲み干す人はそうそういないだろう。東京の人にとって、うどんやそばの汁は、飲むというよりからめて食べるものという認識なのだと思う。

コンビニおでんのだし、地域によってこれだけ違う

関東のかつお節、関西の昆布以外にも、だしに特徴のある地域はほかにもある。中でも、中国・四国地方で多く使われるいりこだしと、九州のあごだしがよく知られている。特に讃岐《さぬき》うどんにはいりこだしが欠かせず、昔、香川出身の知人が、「うどんのだしは絶対いりこじゃなきゃ！」と言っていたのが印象的でよく覚えているのだが、わたしは恥ずかしながら「いりこ」という魚がいるのかと思っていて、煮干しのことだと知ったのはつい数カ月前だ（遅）。

香川県の公式サイトからダウンロードできる「香川県産『イリコ』の話」（http://www.pref.kagawa.jp/suisan/kensan/files/iriko.pdf）というパンフレットによると、「『イリコ』とは、西日本での煮干しの呼び名です」とあり、どうりで知らなかったわけだ、と納得。香川県の煮干しはほぼ100％がカタクチイワシを使用しており、いりこの歴史に関する資料は少ないとしながらも、1839～52年に編集された『西讃府志』によると、「熬鰯《イリコ》（中略）夏ノ頃トレル鰯ヲ、釜ニテ熬《イ》リ、乾カシ」という一文があり、こ

の頃にはかなり生産されていたことがうかがえる。

いりこのことを「炒り子」と表記するケースもまれに見かけるが、ＪＡＳ規格では「煮干し魚類」を「魚類を煮熟によってたん白質を凝固させて乾燥したものをいう」と定めており、炒って作っているわけではない。

香川の人たちがいりこＬＯＶＥなのは、やはり子どもの頃から慣れ親しんできた、讃岐うどんの存在が大きいのだろうと思う。讃岐うどん＝いりこだしが切っても切り離せない関係で、記憶と胃袋に染みついているのではないかと推測する。昆布の一大産地でありながら、日頃煮干しだしばかり使う道産子たちだが、おそらく「煮干しＬＯＶＥ」という意識はないし、わたし自身も「やっぱりだしは煮干しだよね！」とも思わない。

最近全国的に人気のあごだしは、九州の中でも特に長崎のほうで広く使われているようだが、福岡出身の亡き父も、実家ではよくあごだしのみそ汁やうどんを食べていたそうで、たまに「あごだしのみそ汁が懐かしい」と言っていたのを覚えている。

このように、いりこやあごなど、地域によってこれだけだしの嗜好《しこう》が違うということは、コンビニのおでんのだしはどうなっているのだろうと気になって調べてみたら、各社とも相当研究して力を入れている模様。どこも地域ごとにだしを変えるのは当然のようだ。たとえばセブン-イレブンの2014年度のおでんは、基本となるつゆはかつお荒節に薄削り節の追いがつおをブレンドし、昆布だしも増量。この基本つゆをベースに、「地域性の特徴のあるだし」として、それぞれ次のだしを追加している。

北海道……煮干し
東北・信越……煮干し
関東……基本つゆ
東海……むろあじ節
関西・北陸……昆布・鶏・牛
中国・四国……煮干し・鶏・牛
九州……あご・鶏・牛

やはり北海道と中国・四国は煮干しで、関西は昆布、九州はあごなのだ。夏の終わりからゴールデンウィークあたりまで、長い期間売る商品だけに、おでんには各社力を入れており、毎年リニューアルしている。

今回の本で取材した料理人や乾物関係のお店の方々は、皆「子どもの頃からの長年の食習慣は、簡単には変わらないんです」と口を揃えていたが、ほんとうにそう思う。でも、「知らないだけ」「食べる機会がないだけ」ということも多々あるのではないだろうか。かつおだしのきいた東京のうどんも、昆布だし香る大阪のうどんも、いりこだしと強いコシを楽しめる讃岐うどんも大好きな食いしん坊のわたしは、「各地域のおいしいだしを知らないのはもったいない！」と心底思うので、これからも仕事や旅行で知らない土地を訪れた際には、ぜひその土地のだしや郷土料理をお腹いっぱい楽しみたいと思う。

だしはなぜ減塩効果があるのか？

日本では成人の3人に1人、高齢者の3人に2人が高血圧といわれる時代。若いうちから減塩を意識しておくに越したことはないと思っている。料理にうま味をきかせると、塩分が少なくてもおいしく感じられ、減塩効果があるというのはよく知られている話。かつお節や昆布など、天然のだしには塩分がほとんど含まれていないので、減塩料理の本には必ずといっていいほど「だしを活用しましょう」と書かれている。

にんべん研究開発部の荻野《おぎの》目《め》望《のぞむ》氏によると、うま味だけではなく、**かつおだしの香り自体にも減塩効果があることが近年明らかになったという。**「かつお節だしの香りをかぎながら食塩水を飲み、塩分を当ててもらうという実験で、香りをかいだときのほうが塩味を強く感じることがわかりました。枯節と荒節の一番だしの2種に効果が認められ、グルタミン酸ナトリウムと古くなっただしには効果はありませんでした」（荻野目氏）。

たしかに、かつお節でだしをとると、部屋中に豊かな香りが広がり、それだけでも満ち足りた気持ちになる。なんというか、脳が喜んでいる気がするのだ。そんな、心も満足するリラックス効果抜群のおだしの香りに認められた減塩効果。顆粒だしやパックのだしだと、ここまで香りは広がらない。毎日は無理でも、たまにでもかつお節でだしをとってみるとその差がよくわかるはず。やはり、本物のかつお節だけが持つ、本物の香りがあるのだなと実感する。

なお、**だしの濃度が高くなるほど減塩効果が高いとのこと。**「開封したてのたっぷりのかつお節で、濃いめのだしをとる」。これが、減塩に効果的なかつお節だしのとり方で、昆布だしを合わせるとうま味の相乗効果でさらにおいしさもアップ。かつお節は開封するとどんどん香りが飛んでしまうので、とにかく早めに使い切るのがベスト。

いろんな人の話を聞けば聞くほど、だしがいかに体にいいのかがよくわかり、ますますだしをとることへのモチベーションが上がっていくのであった。

「減塩だし」ってなんだ？

だし教室に通ったり、だし生活を始める前、スーパーにずらりと並ぶパックと顆粒のだしを眺めていて、不思議に思っていたことがある。「30％減塩」「55％減塩」などと書かれた「減塩だし」がたくさんあるのだけれど、そもそもだしには減塩効果があるのに、一体どういうこと？　気になってパッケージの裏を見てみると、塩や粉末醤油が入っていることに気がついた。あれ、パックや顆粒のだしって、だし素材以外のものも入っていたの？　しかも味までついていたなんて。まったく知らなかった……。

食品の原材料名は、使用した原材料すべてを重量順に表示するのがルール。つまり、一番多く使っているものから表示しなければいけないのだ。パックだしの中には、一番最初に「食塩」と書かれているものもあって驚いた。このようなパックや顆粒のだしを使ってみそ汁を作ると、最初からだしに塩が入っているので、みそを加えると塩分が高くなるのは当然のこと。だから「減塩だし」があるのかと、初めて気がついた。

パックや顆粒だしはたしかに便利ではあるけれど、本気で減塩を考えるなら、かつお節や昆布で自分でだしをとるのが一番だと思う。この本を書いているうちに、すっかりだしをとる習慣がついた。自分で材料が把握《はあく》出来る料理は安心して食べられるし、どんなに「おいしい」といわれているパックだしよりも、自分でとっただしのほうがはるかにおいしい！　と、心から思うようになった。

だしをとるのは高くつく？

だしをとるのは、「面倒」「難しそう」という声と並び、「昆布やかつお節は高いから、毎日は無理」という声もよく聞く。これは、**かつお節と昆布が特別高いわけではなく、顆粒だしが安すぎるのだと思う。**パッケージをよく見ると、かつお節や煮干し、昆布や椎茸などの風味原料に加え、酵母エキスや調味料（アミノ酸）などでうま味を加えたり、でんぷん分解物、小麦たん白発酵調味料などの添加物や、だしが出たように見えるよう、カラメル色素が入っているものもある。先に述べた通り、粉末醤油や塩などで味つけをしてあるものもある。

近所のスーパーでは、某有名顆粒だしが10グラム×24袋入りで338円。対してかつお節は80グラムで284円。1リットルのだしを15グラムのかつお節でとるとして、60円弱だ。顆粒だしは1袋あたり14円。昆布は品質と値段がピンキリなので割愛するけれど、そんなに高いだろうか。たしかに、顆粒だしと比べると高いけれど、そもそも顆粒だしをこんなに安く作ることが出来るのは、添加物のおかげなのだ。

「なんでも無添加・無化調で」とこだわる人もいるけれど、このご時世、外食や加工品で添加物を完全に避けるのはまず無理で、神経質になりすぎると外で食べられるものがなくなってしまう。

という前提で話を戻すと、顆粒やパックのだしは、添加物のおかげで安く世に出すことが出来るわけなので、昆布やかつお節が高すぎるわけではないのだ。

わたしの実体験でいえば、自分でだしをとって料理を作り、1週間も経つと味覚が変わってくるのがわかる。そして、とにかくおいしいので続けたくなるし、実際に続いている。うま味たっぷりのやさしいおいしさで、体中に染みわたるという感覚ですっかり気に入り、顆粒だしに戻る気がしなくなった。今、キッチンにはだしをとり始める前に買った顆粒だしがすっかり使われずに残っている。

本物のだしのおいしさや素晴らしさを実感すると、「昆布やかつお節が高すぎる」とは思わなくなるのではないだろうか。だし生活を始めてから5年。今では、昆布とかつお節のストックがなくなると不安になるほど、だしをとるのが当たり前になり、自分でも正直驚いている。昆布もかつお節も日持ちがするので、特売のときを狙ってまとめ買いするのもいいと思う。

元祖たらこスパゲティ「壁の穴」の秘密は昆布粉にあり

ＪＡＬの機内誌『ＳＫＹＷＯＲＤ』国際版で「和のパスタ」特集を担当することになり、日本独自の「たらこスパゲティ」を生み出した、渋谷「壁の穴」に取材に行ったときのこと。

まだ「パスタ」という呼び名すら日本に定着していなかった時代、ヨーロッパと日本では水質が違うため、イタリアのレシピでスパゲティを作ってもうまくいかなかったという。「化学調味料に頼らずにうま味を出す方法はないものか」と試行錯誤を重ねた同店は、ついに昆布粉にたどりつく。すべてのパスタソースに昆布粉を入れることにより、うま味を引き出すことに成功したのだ。和風スパゲティだけではなく、トマトソースやミートソースでも、何にでも昆布粉を少量入れる。この話を聞いたとき、なるほどと思った。「椎茸の戻し汁を『うま味の素』として使うようになった」と書いたが、昆布粉も実は何の料理に入れてもいいのだな、と。

ちょうど家に、札幌の真昆布専門店「佐吉や」で買って来た昆布粉があった。買って来たはいいものの、いまいち上手な使い方がわかっていなかったのだけれど、「壁の穴」の取材後は、鶏肉とキャベツのトマト煮込みや、白菜ときのこのクリーム煮など、いろんな料理に使うようになった。少量を隠し味程度に使うのがポイントだ。

ちなみに、今ではすっかり日本に定着したたらこスパゲティが誕生したのは、1967年頃のこと。常連客だった、NHK交響楽団の首席ホルン奏者（当時）・千葉《ちば》馨《かおる》氏が、海外で買って来たキャビア缶を持参し、「これでスパゲッティを作ってほしい」とオーダー。あまりのおいしさに、同店の社長が「何かで代用出来ないか」といろいろな食材を試し、たらこで作ったのが始まりだという。バターがふわりと香る元祖たらこスパゲティ。そのおいしさの秘密は、昆布のうま味だったのだ。

吹奏楽部出身としては、たらこスパゲティ誕生のきっかけが、「N響の千葉さんだったのかー……！」という衝撃も大きかった（笑）。日本のホルン奏者の草分け的存在です！

3歳までの味覚が一生の味覚を左右する!?

「3歳までに培《つちか》われた味覚が、人の一生の味覚傾向を左右する」などと言われるからか、特に小さい子どもを持つ母親たちは、「だし」というキーワードにとても敏感だと感じる。何人かの友人も、「母親教室では、『離乳食はだしで作るように』と、口を酸《す》っぱくして言われる」と言っていたが、「でもなかなかだしをとるのは面倒で……」と罪悪感を抱いている人がとても多い。「レンジで離乳食用のだしがとれる調理器を買ったけど、面倒で続かなかった」という友人もいた。そんな商品があるのかと驚いた。

いま、「茅乃舎」のだしパックが大人気だ。直営店のレジは、週末ともなると行列が出来ていて驚く。主婦雑誌の読者を取材すると、決して安くはないこのだしパックを愛用しているママたちがとても多い。めちゃくちゃ流行っているのだ。

「茅乃舎」のだしを使うと、母親たちが頭の片隅で気になっている「だしをとらなくては」という罪悪感が薄れるのではないかと個人的には思っている。「子どもの味覚のためにもだしをとりたいけれど、なかなかとれない。だから、ちょっと高くてもいいだしを使えば安心」と思うのではないだろうか。

自分の幼少期を思い返してみても、だしの記憶はみそ汁の煮干しだしくらいしかない。そばやうどんのつゆは市販のめんつゆだった。

先日札幌の実家に帰省した際に、離乳食のだしだし攻撃に疲弊している友人たちの顔が頭をよぎり、母親にたずねてみた。

「わたしの離乳食ってだし使ってた?」

「使ってないよ全然。おかゆとか野菜をゆでてつぶしたりとか」

このように、3歳までろくにだしで育っていないわたしだが(笑)、今、だしのうま味がはっきりとわかる大人になっている。ちなみに、夫は結婚するまで味の素の「ほんだし」で育っているけれど、わたしがかつお節や昆布のだしで作った汁物や自家製めんつゆを、「うまいうまい」とぜんぶ飲み干す。手作りなので、もちろん無添加・無化調なのだが、「物足りない」とか「パンチに欠ける」とは思わないようで、「うま味ってこういうことなんだね」「体にいい気がする」と喜んでいる。本物のだしには雑味が入っていないのがわかるから、スープもみそ汁も、最後まで飲み干せるのだという。

さまざまな研究結果やデータによって「味覚の3歳神話」が広く伝えられているのだと思うけれど、幼い子を持つママたちは、あまり「完璧にだしをとらなきゃ！」と思い詰めなくてもいいんじゃないかなぁ……などと思ったりもする。

自分の経験上、**何歳からでも、大人になってからでも、だしのよさはわかる。**

だしの魅力に気づき、料理に取り入れるようになってから、毎日が豊かになったように思う。香りに癒され、ホッとするおいしさ。もうすっかり、だしのない生活は考えられなくなってしまった。つくづく、日本に生まれてよかったと思う。

わたしはこれからも、だし生活を続けていくだろう。

みなさんもぜひ、ご一緒に！

だし生活、はじめました。

一〇〇字書評

切り取り線

購買動機（新聞、雑誌名を記入するか、あるいは○をつけてください）	
□（　　　　　　　　　　　　）の広告を見て	
□（　　　　　　　　　　　　）の書評を見て	
□ 知人のすすめで	□ タイトルに惹かれて
□ カバーがよかったから	□ 内容が面白そうだから
□ 好きな作家だから	□ 好きな分野の本だから

●最近、最も感銘を受けた作品名をお書きください

●あなたのお好きな作家名をお書きください

●その他、ご要望がありましたらお書きください

住所	〒				
氏名		職業		年齢	
新刊情報等のパソコンメール配信を 希望する・しない	Eメール	※携帯には配信できません			

あなたにお願い

この本の感想を、編集部までお寄せいただけたらありがたく存じます。今後の企画の参考にさせていただきます。Eメールでも結構です。

いただいた「一〇〇字書評」は、新聞・雑誌等に紹介させていただくことがあります。その場合はお礼として特製図書カードを差し上げます。

前ページの原稿用紙に書評をお書きの上、切り取り、左記までお送り下さい。宛先の住所は不要です。

なお、ご記入いただいたお名前、ご住所等は、書評紹介の事前了解、謝礼のお届けのためだけに利用し、そのほかの目的のために利用することはありません。

〒一〇一－八七〇一
祥伝社黄金文庫編集長　萩原貞臣
☎〇三（三二六五）二〇八四
ohgon@shodensha.co.jp

祥伝社ホームページの「ブックレビュー」からも、書けるようになりました。
http://www.shodensha.co.jp/bookreview/

祥伝社黄金文庫

だし生活《せいかつ》、はじめました。

平成30年12月20日　初版第1刷発行

著　者　梅津有希子《うめつゆきこ》
発行者　辻　浩明
発行所　祥伝社《しょうでんしゃ》
〒101－8701
東京都千代田区神田神保町3－3
電話　03（3265）2084（編集部）
電話　03（3265）2081（販売部）
電話　03（3265）3622（業務部）
http://www.shodensha.co.jp/

印刷所　萩原印刷

製本所　ナショナル製本

Printed in Japan　ⓒ 2018, Yukiko Umetsu　ISBN978-4-396-31747-8 C0130

祥伝社黄金文庫

若杉友子

これを食べれば医者はいらない

日本人のための食養生活

不健康なものを食べているから、不健康になるのです――若杉ばあちゃん流「食養」で、医者いらずの体になろう。

若杉友子

こうして作れば医者はいらない

若杉ばあちゃんの台所

からだを正しく作り変える、若杉ばあちゃんの台所の知恵を大公開！　家庭ですぐにできる、簡単レシピが満載！

佐藤絵子

フランス人の贅沢《ぜいたく》な節約生活

いま〈あるもの〉だけでこんなにもエレガントに、幸せに暮らせる！　パリジェンヌの「素敵生活」のすすめ。

眞鍋かをり

世界をひとりで歩いてみた

女30にして旅に目覚める

「人生に行き詰まった30女がいったん何もかもリセットして、最初の一歩を踏み出したときの記録」（まえがきより）

山口勝利

冷えた女は、ブスになる。

内臓温度を1℃上げて、誰でもアンチエイジング

むくみ、イライラ、シミにクマ。すべては「冷え」が原因だった。やってはいけない美容のタブーを公開！

カワムラタマミ

からだはみんな知っている

はじめてのクラニアルセイクラル・セラピー

10円玉1枚分の軽い「圧」だけで、自然治癒力が動き出す！　本当の自分に戻るためのあたたかなヒント集！

祥伝社黄金文庫

川口葉子
京都カフェ散歩
喫茶都市をめぐる

とびっきり魅力的なカフェが多い京都。豊富なフォト&エッセイで、たっぷりご案内。

川口葉子
東京カフェ散歩
観光と日常

カフェは、東京の街角を照らす街灯。人々の日常を支える場所。街歩きという観光の拠点。エリア別マップつき。

川口葉子
鎌倉湘南カフェ散歩
海と山と街と

海カフェ、山カフェ、街カフェ——自然と文化と言霊と。バランス良く盛り合わされた彩り豊かなカフェ都市へ。

小林由枝
京都でのんびり
私の好きな散歩みち

知らない道を歩くと、京都がますます好きになります。京都育ちのイラストレーターが、とっておき情報を公開。

小林由枝
京都をてくてく
私が気ままに歩くみち

『京都でのんびり』の著者が贈るお散歩第2弾! ガイドブックだけではわからない本物の京都をポケットに。

甲斐みのり
京都おでかけ帖

京都に憧れ、移住した著者が綴る「かわいい」「おいしい」「美しい」京都。四季折々、12カ月にわけて紹介。